THEORY AND PRACTICE OF
SMART EMERGENCY EMPOWERED BY DATA

数据赋能的智慧应急理论与实践

李桂华　张秋东　林思妍　贺沛沛　黄　琳 ◎ 著

北京大学出版社
PEKING UNIVERSITY PRESS

图书在版编目(CIP)数据

数据赋能的智慧应急理论与实践 / 李桂华等著. —北京：北京大学出版社，2023.10
（未名社科论丛）
ISBN 978-7-301-34555-9

Ⅰ.①数… Ⅱ.①李… Ⅲ.①数字技术-应用-突发事件-公共管理-研究-中国 Ⅳ.①D63-39

中国国家版本馆CIP数据核字（2023）第187586号

书　　　名	数据赋能的智慧应急理论与实践 SHUJU FUNENG DE ZHIHUI YINGJI LILUN YU SHIJIAN
著作责任者	李桂华 等著
责 任 编 辑	梁　路
标 准 书 号	ISBN 978-7-301-34555-9
出 版 发 行	北京大学出版社
地　　　址	北京市海淀区成府路205号　100871
网　　　址	http://www.pup.cn
微信公众号	ss_book
电 子 邮 箱	编辑部 ss@pup.cn　总编室 zpup@pup.cn
电　　　话	邮购部 010-62752015　发行部 010-62750672 编辑部 010-62765016
印 刷 者	三河市博文印刷有限公司
经 销 者	新华书店
	650毫米×980毫米　16开本　16.75印张　180千字 2023年10月第1版　2023年10月第1次印刷
定　　　价	68.00元

未经许可，不得以任何方式复制或抄袭本书之部分或全部内容。
版权所有，侵权必究
举报电话：010-62752024　电子邮箱：fd@pup.cn
图书如有印装质量问题，请与出版部联系，电话：010-62756370

前　言

当今时代，大数据、云计算、人工智能、物联网等信息技术的突飞猛进为应急管理插上了"智慧"的翅膀。作为一种新的管理途径或思维方式，智慧应急有利于增强重大风险感知的灵敏性、风险研判的准确性和应急响应的及时性，是应急管理体系和能力现代化建设的重要组成部分。党中央、国务院高度重视智慧应急建设。2019年，习近平总书记指出要适应科技信息化发展大势，以信息化推进应急管理现代化，提高监测预警能力、监管执法能力、辅助指挥决策能力、救援实战能力和社会动员能力。2021年，《"十四五"国家应急体系规划》公布，其中明确提出到2035年，全面实现依法应急、科学应急、智慧应急，形成共建共治共享的应急管理新格局。2022年，《国务院关于加强数字政府建设的指导意见》提出要推进智慧应急建设，优化完善应急指挥通信网络，全面提升应急监督管理、指挥救援、物资保障、社会动员的数字化、智能化水平。

时代是出卷人，我们是答卷人。2020年初暴发的新冠疫情肆虐全球，使传统应急管理受到极大冲击。在应急形势的强压之下，我国应急管理模式转型加快，智慧应急初现雏形，并开始在抗击疫情中发挥关键作用。本研究团队关注到这一新变局，于2020年5月申请教育部"新冠肺炎疫情防控"主题案例专项项目"数据驱动的新冠肺炎疫情应急决策机制建设"并获立项，研究团队制订了详尽的研究计划，进行了国内外文献综述和理论研究，先后前往成都、贵阳、杭州、上海、广州、深圳等地进行深度调研，收集了大量案例资料。

在各地调研过程中我们发现，伴随着数字政府建设的快速推进，地方政府在数据融合汇聚、数据平台建设等方面取得了显著进展，成为各地实现智慧应急最有力的支撑条件，也是疫情期间各类智慧应用能在短时间内推出并得以高效运转的关键。那么，数据如何赋能智慧应急？如何催生智慧应急信息产品？如何支撑智慧应急决策体系构建？这一系列问题有待回答。为解决这些问题，研究团队先后依托四川省社会科学研究"十四五"规划重点项目"大数据时代的疫情信息公开和通报机制研究"和四川省软科学研究计划项目"数据驱动的应急决策体系构建研究"等课题展开研究探索。

虽然新冠疫情给课题调研带来了一定困难，但在各地政府的积极协助下，研究团队取得了很好的研究成果。研究团队产出的三个主题案例被中国专业学位中心案例库收录，系列论文在《电子政务》《情报理论与实践》《信息资源管理学报》《成都大学学报》等期刊上相继发表。本书即基于以上成果对本团队近年来的"数据赋能智慧应急"相关研究的系统梳理，核心内容包括如下方面：

第一，智慧应急产生的背景、理论研究及发展趋势。本书从时代背景和应急管理实践进展两方面分析智慧应急产生的背景，在此基础上总结我国智慧应急理论研究的现状，重点探讨了以数据赋能智慧应急为代表的智慧应急发展趋势，并提出了数据赋能智慧应急的研究框架。

第二，数据赋能智慧应急的基础支撑研究，主要从政府治理模式和智慧应急信息产品两方面展开。政府治理模式研究方面，从分析数字政府建设的目标取向出发，以成都市为案例对象，探索数字政府"数据-决策一体化"的政府治理模式在实现数据能力向治理能力现代化转化方面的具体效应和实现路径，以此展现数据赋能智慧应急的政府治理模式的特征；智慧应急信息产品研究方面，通过梳理智慧应急信息产品的概念内涵，分析压力情境下数据流动和智慧应急信息需求，以新冠疫情期间产生的健康码为例，从内部衍生机制和外部催生机制两方面探讨压力情境下智慧应急信息产品得以快速开发的生成机理。

第三，数据赋能智慧应急的过程研究，包括政府内部数据赋能研究、由内向外的单向数据赋能研究和内外部数据双向赋能研究。政府内部数据赋能研究主要探讨了政府内部信息沟通环节，分析了应急信息报告失灵的现象并归纳其成因，提出了数据赋能智慧应急信息报告核心机制；政府由内向外的单向数据赋能研究方面，梳理了应急信息传播从"链"到"网"的历史演变过程，以新冠疫情期间的应急信息传播为例，探讨多元主体如何实现应急信息沟通传播的协同配合；政府内外部数据双向赋能研究方面，着重分析了以社会诉求数据为代表的大数据在智慧应急中的应用，剖析社会诉求数据在智慧应急中的数据价值和价值实现路径。

第四，数据赋能的智慧应急决策体系构建研究。围绕如何构建数据赋能的智慧应急决策体系这个问题，本研究团队以北京、广州、成都作为案例城市，从应急流程、应急组织和应急支撑三个层次对案例城市的数据赋能智慧应急决策事件进行剖析，归纳数据赋能智慧应急决策所涉及的要素及要素之间的关系，并提出数据赋能的智慧应急决策体系构建路径。

本书共分为八章，全书研究方案设计、内容架构和统稿工作由李桂华完成，第一章由黄琳、张秋东、林思妍、贺沛沛撰写，第二章由李桂华撰写，第三章和第六章由张秋东、李桂华撰写，第四章由黄琳、李桂华撰写，第五章由贺沛沛、李桂华撰写，第七章由林思妍、李桂华撰写，第八章由李桂华撰写。

本书的内容和观点虽然经过广泛而深入的讨论，在编写过程中也经过多次修改，但由于时间、精力的限制，难免存在不足之处，敬请广大读者批评、指正。围绕"数据赋能智慧应急"的研究才刚刚起步，本书仅能反映我国在智慧应急上取得的初步成绩，仅捕捉到了数据赋能智慧应急的部分规律，数据赋能智慧应急的落地实施和深入推广尚需要进一步的总结和探索，但智慧应急的大幕已徐徐拉开，数据赋能智慧应急等方向的研究前景值得期许。新时代开启新征程，面对数字化发展浪潮，我们要大力贯彻落实党和国家关于智慧应急建设的战略部署，推动智慧应急快速发展。让我们日拱一卒，日渐精进，齐心协力推动智慧应急建设，为智慧应急发展贡献力量！

目 录

第一章 智慧应急研究和实践概况 ······ 001
    第一节 新时代应急管理建设需求 ······ 001
    第二节 我国应急管理实践进展 ······ 010
    第三节 智慧应急研究前沿 ······ 022
    第四节 数据赋能的智慧应急研究框架 ······ 037

第二章 "数据-决策一体化"的数字政府治理模式 ······ 053
    第一节 数字政府建设的目标取向 ······ 053
    第二节 案例选择与分析框架 ······ 058
    第三节 "数据-决策一体化"的条件准备 ······ 061
    第四节 "数据-决策一体化"的实现路径 ······ 065
    第五节 "数据-决策一体化"的治理效应 ······ 072

第三章 压力情境下的智慧应急信息产品开发 ······ 081
    第一节 智慧应急信息产品的理论与实践 ······ 081
    第二节 压力情境、数据流动与信息需求 ······ 086
    第三节 分析框架 ······ 091

第四节　压力情境下智慧应急信息产品开发案例分析……096

第四章　数据赋能的应急信息报告机制……103
第一节　应急信息报告……103
第二节　应急信息报告失灵……110
第三节　数据赋能智慧应急信息报告……125

第五章　数据赋能应急信息传播网络……139
第一节　数据赋能应急信息传播的理论与实践……139
第二节　从"链"到"网"：应急信息传播的发展历程…144
第三节　数据赋能应急信息传播价值网络构成及运行……148
第四节　数据赋能应急信息传播价值网络治理策略……167

第六章　数据赋能的"情景-应对"应急决策实现……170
第一节　"情景-应对"应急决策及其信息源……170
第二节　分析框架和案例选择……179
第三节　案例分析……183
第四节　社会诉求数据对"情景-应对"应急决策的作用
……195

第七章　数据赋能智慧应急决策体系……198
第一节　数据赋能智慧应急决策体系概述……198
第二节　分析框架和案例选择……203

第三节 案例分析 …………………………………… 212

第四节 数据赋能智慧应急决策体系的构建路径 ………… 234

第八章 结论 …………………………………… 241

第一章 智慧应急研究和实践概况

第一节 新时代应急管理建设需求

安全是一个社会有序运行的基础，是社会发展的前提。马克思曾指出："安全是市民社会的最高社会概念……按照这个概念，整个社会的存在只是为了保证维护自己每个成员的人身、权利和财产。"[1]应急管理也应当是政府最基本的职能之一，因为其作为应对突发公共事件、防范化解公共安全风险而开展的综合管理活动，旨在减少甚至规避由突发事件造成的生命和健康损害、财产损失或社会失序等危害。

自新中国成立到现在，我国应急管理事业已取得长足进展，尤其是党的十八大以来，以习近平同志为核心的党中央高度重视应急管理工作。2018年在深化党和国家机构改革中组建的应急管理部和国家综合性消防救援队伍，是对我国应急管理体制进行的系统性、整体性重构，推动我国应急管理事业取得历史性成就，发生历史性变革。

但当今是一个风险频发的时代，我国的应急管理事业整体

---

[1] 马克思恩格斯文集：第一卷[M].北京：人民出版社，2009：42.

而言仍处于开创阶段。特别是,我国自然灾害频发,各类风险隐患交织叠加,社会发展已经进入战略机遇和风险挑战并存、不确定难预料因素增多的时期。并且,不同风险相互耦合、叠加、演化,相互交织,极易形成一个错综复杂的风险综合体。我国的应急管理水平、防灾减灾救灾能力面临着更大的挑战,应急管理事业任重道远。

一、突发事件日益呈现多种致灾因素复合叠加特征

(一)传统领域的灾害防范面临严峻挑战

我国是世界上自然灾害最为严重的国家之一,灾害种类多、分布地域广、发生频率高、造成损失重。我国70%以上的城市和50%以上的人口分布在气象、地质、海洋等类型灾害的高风险区;69%的国土面积存在较高滑坡、泥石流、崩塌等地质灾害风险[1]。而且,随着全球变暖,我国自然灾害风险进一步加剧,灾害的突发性和异常性也愈发明显。联合国减少灾害风险办公室与比利时鲁汶大学灾害流行问题研究中心在2020年联合发布了《灾害的代价2000—2019》报告。报告指出,在2000—2019年间,全球十个受灾最多的国家中有八个位于亚洲,其中,中国共发生577起灾害事件,居全球首位[2]。

---

[1] 中国的减灾行动[EB/OL]. (2009-05-11)[2023-08-07]. https://www.gov.cn/zwgk/2009-05/11/content_1310227.htm.
[2] 联合国报告:气候灾害在过去20年间频度加剧 中国受灾数量居全球之首[EB/OL].[2023-08-07]. https://news.un.org/zh/story/2020/10/1068912.

近年来，随着工业化、城市化、全球化的高速发展，综合性风险日益增加，事故灾害频发且趋复杂化。人类生活的外部环境与条件已然发生巨大改变，城市产业集聚，各种居民住宅及公共服务设施、超大规模城市综合体、人员密集场所、高层建筑、地下空间、地下管网等大量建设。在此基础上，我国工业生产事故、突发公共卫生事件、社会安全事件等各种风险不断增加，如城市内涝、火灾、交通事故、拥挤踩踏事件、燃气泄漏爆炸等安全风险突出。统计数据显示，2020年，我国发生208起突发环境卫生事件、244 674起交通事故、25.2万起火灾[1]。

（二）新兴领域的公共安全风险挑战加大

随着新技术的发展及应用，新兴领域的安全威胁和风险正不断滋生、扩散和叠加，众多新能源、新工艺、新材料广泛应用，新产业、新业态、新模式大量涌现，一些以前"想不到、管得少"的风险逐渐凸显。首先，与5G、区块链、人工智能、基因编辑等新兴技术相关的领域出现了大量数据泄漏、技术安全风险等突出问题，面临的风险挑战持续增大。以网络安全为例，根据国家互联网应急中心2022年发布的数据，2021年上半年我国境内被篡改的网站数量为3.4万个，其中被篡改的政府网站有177个；另外，云平台上被篡改网站数量占境内全

---

[1] 中国统计年鉴2021[EB/OL]. [2023-08-07]. http://www.stats.gov.cn/sj/ndsj/2021/indexch.htm.

部被篡改网站数量的89.1%[①]。其次，如今工业化、城市化进程明显加快，社会发展方式、产业结构和区域布局发生了深刻变化，新产业、新业态、新领域蓬勃发展，但在传统高危行业领域存量风险尚未得到有效化解的情况下，新工艺、新材料、新业态却进一步带来了增量风险。综上可见，新兴领域发展在造福人类的同时，也给社会带来了新的安全隐患。

（三）突发事件的特征呈现复杂化趋势

当今社会灾害事故多发易发频发，呈现出紧急性、不确定性、破坏性强等特征。根据应急管理部发布的2021年统计数据，2021年，全年各种自然灾害共造成1.07亿人次受灾，因灾死亡失踪867人，紧急转移安置573.8万人次；倒塌房屋16.2万间，不同程度损坏198.1万间；农作物受灾面积11 739千公顷；直接经济损失3340.2亿元[②]，可见我国自然灾害形势之复杂严峻。

当今社会的灾害事故具有扩散性更强、敏感度更高、关联性更紧密等特征。如今，人类生活已然形成了一个财富高度集中、人口密度大、风险传播快的复杂宏观系统，突发事件的复合性大大加强。例如，有的传染病可以通过人际传播，形成世界性的传染事件，并导致宏观经济衰退；一次冰冻灾害可以导

---

① 2021年上半年我国互联网网络安全监测数据分析报告[EB/OL]. [2023-08-07]. https://www.cert.org.cn/publish/main/upload/File/first-half%20%20year%20cybersecurity%20report%202021.pdf.
② 应急管理部发布2021年全国自然灾害基本情况[EB/OL]. (2022-01-23) [2023-08-07]. https://www.mem.gov.cn/xw/yjglbgzdt/202201/t20220123_407204.shtml.

致大规模停电,一定程度上使得整个城市与区域瘫痪;一次安全生产事故可在一定条件下中断整个产业链;等等。并且,随着全球化趋势的增强,突发事件极易由境内扩展到境外,境外突发事件也极易影响境内。各种灾害事故风险相互交织、叠加放大,形成复杂多样的灾害链、事故链。

二、应急管理能力是国家治理现代化的重要标志

（一）国家顶层设计对应急管理提出更高要求

党的十八大以来,以习近平同志为核心的党中央全面部署及推进了新时代应急管理工作,推动我国应急管理事业迈入新的历史发展阶段,同时,党中央也对新时代应急管理建设提出了更高要求。2017年,党的十九大报告指出：统筹发展和安全,增强忧患意识,做到居安思危,是我们党治国理政的一个重大原则。2018年,根据国务院机构改革方案,新组建的中华人民共和国应急管理部正式挂牌。2019年,党的十九届四中全会通过的《中共中央关于坚持和完善中国特色社会主义制度 推进国家治理体系和治理能力现代化若干重大问题的决定》提出了我国应急管理体系和能力现代化的努力方向,即要构建统一指挥、专常兼备、反应灵敏、上下联动的应急管理体制,优化国家应急管理能力体系建设,提高防灾减灾救灾能力。2022年,国务院印发的《"十四五"国家应急体系规划》提出国家应急体系规划的总体目标为：到2025年,应急管理体系和

能力现代化建设取得重大进展，形成统一指挥、专常兼备、反应灵敏、上下联动的中国特色应急管理体制，建成统一领导、权责一致、权威高效的国家应急能力体系，防范化解重大安全风险体制机制不断健全，应急救援力量建设全面加强，应急管理法治水平、科技信息化水平和综合保障能力大幅提升，安全生产、综合防灾减灾形势趋稳向好，自然灾害防御水平明显提升，全社会防范和应对处置灾害事故能力显著增强。

（二）各级政府应急管理能力和体系亟须重构

尽管我国应急管理体系建设近年来取得了巨大进展，但由于新时期突发事件增多、复合性增强、破坏程度增大，各地方、各层级应急管理体系暴露出条块分割、信息沟通不畅、资源难以整合、协调力度不够、重复建设等问题，亟须进行前瞻性、战略性和整体性的应急能力重构。

首先，各地方、各层级应急管理统筹协调能力存在较大提升潜力[①]。以往牵头部门管理单灾种的体制已难以应对当前灾害事件的复合性特征，各地方、各层级部门之间暴露出协调不足、协同不够等严重问题，包括各部门存在权责配置不够明晰、职责交叉和管理脱节等现象；各种应急资源存在部门分割的问题，数据"部门墙"和"行业墙"广泛存在；专业化部门管理与属地化区域管理之间也存在协调不足的问题。

---

① 姜长云，姜惠宸.新冠肺炎疫情防控对国家应急管理体系和能力的检视[J].管理世界，2020(8)：8-18+31+19.

其次,各地方、各层级应急法制体系与标准建设工作亟待完善。我国当前的应急法制体系存在较大缺陷,主要表现为制度不健全、不完善、不协调等问题。例如,有关条文零散分布在各类文件中,且存在制度冲突情况;对于应急体系中的机构、财力、人力、物力等因素的规定主要为原则性规定而不甚具体;等等。因此,在新时代,对应急管理法律、法规、政策等制度的完善迫在眉睫。

最后,各地方、各层级相关管理人员的应急管理素质存在较大提升空间。应急管理属于科学性、专业性、综合性都很强的工作,具备相关专业能力和专业精神是从事应急管理工作的基本素质要求。除此之外,其他方面的素质,如应急响应能力、对灾情演变态势的综合把握能力和前瞻能力、主要领导者的统筹协调能力等也是非常重要的。而具备相应能力的专业管理人才较为欠缺。

(三)公众对公共安全的关注和期待与日俱增

新时代,随着我国经济社会发展水平不断提升,公众对提高生活质量充满期待,也对安全与应急给予更多关注和提出更高要求,对减灾防灾和社会安全有了更强烈的需求。在公众对公共安全的关切度、感受度以及期望值愈发高涨的同时,其对安全风险的容忍度也越来越低。尤其是随着互联网时代的到来和自媒体的迅速崛起,风险信息的流动推动了风险知识的广泛传播,使得应对突发事件的政府行为越来越面临着公众的深度拷问。如果政府不能有效且及时地防范化解重大安全风险，不能及时有效地应对各类突发事件，很可能会影响人心向背和社会稳定，进而引发社会安全乃至国家安全问题。

三、技术变革时代呼唤应急管理智慧化升级

（一）信息技术为智慧应急建设提供历史机遇

当前，全球新一轮科技革命和产业变革加速推进，数字化转型日益凸显。物联网、云计算、大数据、人工智能、机器深度学习、区块链、5G通信等新技术驱动万物互联，数字化、网络化、智能化服务无处不在，大大增强了人们对世界的信息感知和获取能力，为应对各种突发事件提供了有力武器。应急管理也一直是全球高度关注的问题，如今各国应急管理处在数字化、智慧化的风口，而我国一旦错失这一应急管理改革机遇，则可能在世界数字化、智慧化大潮中落伍，拉开与世界应急管理先进水平的差距。因此，我国应急管理体系和能力建设必须主动顺应和引领新一轮信息革命浪潮，在新的历史起点上开创应急管理信息化、智慧化发展新局面。

（二）国家政策鼓励应急管理智慧化转型升级

我国对信息技术应用于应急管理给予了极大重视。"十四五"时期是开创应急管理信息化发展新局面的关键时期。2021年《中华人民共和国国民经济和社会发展第十四个五年规划和2035年远景目标纲要》指出，要强化数字技术在公共卫

生、自然灾害、事故灾难、社会安全等突发公共事件应对中的运用，全面提升预警和应急处置能力。2022年，《"十四五"国家防震减灾规划》提出，到2035年，基本实现防震减灾事业现代化，基本建成具有中国特色的防震减灾事业现代化体系，关键领域核心技术实现重点突破，基本实现防治精细、监测智能、服务高效、科技先进、管理科学的现代智慧防震减灾。同年公布的《"十四五"国家综合防灾减灾规划》提出编制自然灾害综合风险图和防治区划图、建设灾害综合监测预警系统、强化气象灾害预警和应急响应联动机制、加强应急力量建设和物资装备保障、强化自然灾害保险服务能力等主要任务和重点工程。国家在不遗余力地推进智慧应急的建设和发展。

（三）智慧应急是提升应急管理能力的重要载体

智慧应急是现代信息网络技术与应急管理业务深度融合后形成的新业务形态。智慧应急的建设有利于逐步改变传统经验式、粗放的应急管理方式，使应急管理朝着科学化、精准化和智能化方向转变。首先，在事前预防预警方面，应急管理由应对向防范转变。如大数据技术可以对不同类型的海量数据进行快速处理，借助自动图像识别、自然语言处理、语义分析等技术手段快速对历史灾害地点、历史灾情趋势、历史灾害后果进行判断与分析，据此对灾害进行预测，并提前配置预防措施，提升风险预警能力。其次，在事中敏捷应对方面，可以实现实时应急监控处置。如利用物联网技术，可通过分析处理分布在各处的传感器的声音、图像等信息，有效感知各个区域的安全情况及设备情况。再如在应急救援中，可将人工智能技术应用于灾情分析判断、识别搜寻目标、代替人工从事高危作业、辅助决策和处置效果评估等领域，还可通过无人机技术完成一些危险地区的物资补给。最后，在事后评估恢复中，可使用卫星遥感影像等技术对火灾、洪灾、地震等灾害的影响范围与严重程度进行评估，以及对灾后重建进行检测等。

第二节　我国应急管理实践进展

应急管理是国家针对突发事件每一个阶段的特征，组织所需的各种资源而实施的全方位动态管理活动[①]，是国家治理体系和治理能力的重要组成部分。我国历史上各朝代都经历过各种各样的灾害和灾难，积累了较为丰富的灾害管理经验。新中国成立后，党和国家始终高度重视应急管理工作，我国应急管理体系不断调整和完善，应对自然灾害和生产事故灾害能力不断提高，成功应对了一次又一次重大突发事件，有效化解了一个又一个重大安全风险，创造了许多抢险救灾、应急管理的奇迹，我国应急管理体制机制在实践中充分展现出自己的特色和优势。经过多年的实践与积累，我国应急管理工作取得了明显的进步。特别是自 2003 年 "非典" 以来，我国应急管理体系建

---

① 刘霞，严晓. 我国应急管理 "一案三制" 建设：挑战与重构 [J]. 政治学研究，2011(1): 94-100.

设取得了长足的进展，政府应对突发事件的能力不断提升。

虽然我国应急管理实践取得了一系列进展，但仍存在不少问题有待进一步解决。梳理我国应急管理实践的发展历程，探究新时代我国应急管理实践面临的问题，是应急管理有序推进的基础工作。

一、我国应急管理实践的发展历程

关于我国应急管理实践的发展阶段划分，目前学界尚未形成较为一致的意见。高小平以2003年"非典"为界，将我国的应急管理分为单一灾种防灾减灾、综合应急管理两个阶段[①]。闪淳昌以2003年"非典"和2012年党的十八大为界，将我国应急管理实践分为新中国应急管理起步和夯实基础阶段（1949—2003）、全面开创和发展阶段（2003—2012）、新时期新态势新格局阶段（2012年至今）[②]。钟开斌以改革开放、2003年"非典"和2012年党的十八大为界，将我国应急管理体系演进过程划分为新中国成立至改革开放前（1.0版）、改革开放至2002年（2.0版）、2003年至2012年党的十八大之前（3.0版）、2012年党的十八大之后（4.0版）四个阶段[③]。综合上述研究，从应急管理方法发展演化的视角，本书将我国应急管理实践的

---

① 高小平.建设中国特色的应急管理体系[J].中国应急管理，2009(4)：11-17.
② 闪淳昌.我国应急管理的实践与思考[J].中国应急管理科学，2022(6)：28-36.
③ 钟开斌.国家应急管理体系：框架构建、演进历程与完善策略[J].改革，2020(6)：5-18.

发展历程划分为以下四个阶段：

（一）密集投入资源的"人海战术"阶段（1949—1978）

这一阶段，我国主要面临洪涝、地震等自然灾害的威胁，突发事件类型较为单一，影响范围有限，后果大多仅限于当地。应急管理理念方面，这一阶段主要是事中应急处置和救援。应急管理主体方面，这一阶段我国建立了以"条条管理"为主的单一灾害管理模式。1950年，中央救灾委员会成立。此后，我国相继成立了地震局、水利局等专业性或兼业性防灾减灾机构，各部门负责职责管辖范围内的灾害预防与抢险救灾工作。应对突发事件的方法方面，这一阶段主要采取大量投入人力、物力、财力等资源的方法进行突发事件救援。在物资相对匮乏、经济发展水平不高的年代，中央政府是应急管理的唯一责任主体。这种应急管理模式具有极强的动员能力，能汇聚各种应急资源，通过密集投入人力、物资等方法取得抢险救援的胜利。1950年淮河流域发生特大洪涝灾害，毛泽东主席批示要组织修建大规模的导淮工程。1976年唐山大地震轰动全国，党中央和国务院急电全国火速救援，大批解放军赶赴现场排险救人，无数医护人员救死扶伤，大量干部、民工运送物资。可见，这一阶段主要采取的应急管理方法是在中央政府领导下，强调人民群众的力量，通过密集投入人力、物资等资源进行突发事件救援，技术在突发事件救援中应用较少，应急管理实践处于密集投入资源的"人海战术"阶段。

（二）科技应用于应急管理的起步阶段（1979—2002）

改革开放以后，伴随着自然环境、社会环境的急速变化，我国突发事件类型不断增多，除了传统的洪涝、地震等自然灾害外，还出现了诸如交通事故、社会群体事件等突发事件，波及范围越来越广，破坏力越来越大。应急管理理念方面，这一阶段逐步由单一灾种应对转为综合减灾导向。1990年我国加入"国际减灾十年"计划后，政府在灾害预防的理念上开始强调"综合减灾"。应急管理主体方面，中央层面由国家减灾委员会、国家防汛抗旱总指挥部等议事协调机构负责全国灾害管理的协调组织工作。1991年国家成立了中央社会治安综合治理委员会，1998年成立了中央维护稳定工作领导小组。地方政府在应急管理中逐渐扮演越来越重要的角色，政府部门之间的协同进一步加强，以共同应对复合型的突发事件。在应急管理法治保障方面，这一阶段开始制定应急管理法规。2002年公布的《安全生产法》表明我国逐步重视生产领域的事故预防工作。在应急管理方法方面，科技应用于应急管理开始起步，如2002年大连的"5·7"空难发生后，国务院调查组通过大量的调查、侦查和技术实验等查明了事发原因。这一阶段，科技力量正逐步介入应急管理实践。

（三）科技应用于应急管理的加速阶段（2003—2012）

2003年的"非典"是一次具有划时代意义的突发公共卫生事件。我国政府意识到单一灾种防灾减灾的传统体制难以应对新的威胁，由此推动我国应急管理实践进入新的发展阶段。按照应急预案、应急体制、应急机制、应急法制的顺序，我国展开了以"一案三制"为主要内容的应急管理体系建设进程，成功应对了2008年"汶川地震"、2010年"玉树地震""舟曲特大泥石流"等突发事件。应急管理理念方面，这一阶段我国开始转向以预防为主、标本兼治为应急管理原则。应急预案方面，2006年国务院发布了《国家突发公共事件总体应急预案》，随后陆续发布了专项应急预案，形成"横向到边、纵向到底"的应急预案体系。应急管理体制方面，中央层面建立了国家安全生产监督管理总局、国务院应急管理办公室等权威应急管理职能部门；地方政府层面，由政府决策协调机构统一领导全市应急管理工作，设置日常突发事件的城市应急中心。由此，我国建成了综合性的应急管理体制，这种体制以政府应急管理办公室作为权威枢纽，部际联席会议作为跨部门协调机制，实现了"全灾种"和"全过程"的统一。除了水利、气象、地震等部门外，卫生、公安等部门都被赋予应急管理的职责，形成了相对完整的分类管理体系。应急管理机制方面，我国构建了统一指挥、反应灵敏、协调有序、高效运转的应急管理机制，监测预警、信息报告、信息发布、应急响应和处置等应急机制不断完善。应急法制方面，我国已初步形成以《突发事件应对法》为基本法、多部单行法与之并存的应急法律体系。应急管理方法方面，我国更加注重科技手段在应急管理中的应用。2006年颁布的《国务院关于全面加强应急管理工作的意见》提出要建设具备监测监控、预测预警、信息报告、辅助决策、调度指挥和总结评估等功能的国家应急平台，加大对公共安全、应急处置重大项目和技术开发、产业化示范项目的政府支持力度，形成公共安全科技创新机制和应急管理技术支撑体系。2007年公布的《突发事件应对法》提出要建立健全通信保障体系，建立全国统一的突发事件信息系统。这一阶段，以现代通信技术、信息技术为代表的现代科技加速运用于应急管理实践，不断提高我国应急管理效能。

（四）科技应用于应急管理的升级阶段（2012年至今）

党的十八大以后，我国国内外环境发生了更为深刻、复杂的变化，突发事件呈现多样化和复杂化特征，带来各种复合型影响，我国应急管理面临防范化解重大风险的严峻挑战。在这样严峻的挑战下，我国应急管理实践却取得了巨大的成就。2022年8月30日，在中共中央宣传部举行的"中国这十年"系列主题新闻发布会上，应急管理部相关负责人介绍，"自党的十八大以来，我国应急管理事业取得了历史性成就，发生历史性变革"，"2018—2021年，全国自然灾害年均死亡失踪人数较前五年均值下降51.6%，新体制新机制发挥了重要作用"[①]。这一系列成绩离不开新时代我国应急管理体系的不断发展和完善。

---

① 新时代·新征程·新发展——十年来应急管理和防灾减灾救灾工作巡礼 [J]. 中国减灾，2022(19): 6-9.

应急管理理念方面，在新的时代背景下，2014年习近平总书记提出总体国家安全观，这一时代性、系统性的安全理念阐述，为中国公共安全体系的建设和发展提供了新的价值指引和整体性的实践目标。应急预案方面，我国开启了第二轮大规模的编制和修订工作，不断提高应急预案的针对性和有效性。北京、广东、江苏、浙江等地已经进展到区一级政府编制和修订预案工作。

应急体制方面，这一阶段我国基本形成了统一指挥、专常兼备、反应灵敏、上下联动的中国特色应急管理体制[1]。2018年我国成立应急管理部，本质是以"全灾种管理"适度的"退"来换取"全过程管理"真正的"进"[2]。应急管理部成立后有效应对了金沙江和雅鲁藏布江堰塞湖、2020年全国严重汛情、福建泉州酒店坍塌等一系列重特大突发事件。2013年，党的十八届三中全会决定成立中央国家安全委员会，统筹协调涉及国家安全的重大事项和重要工作。以2013年芦山"4·20"地震抗震救灾为标准，进一步明确地方政府在应急管理中的主体作用和主体责任。

应急机制方面，我国建立了风险联合会商研判、防范救援救灾一体化、扁平化应急指挥等工作机制。应急法制方面，国

---

[1] 姚亚奇.应急管理部：中国特色应急管理体制基本形成[EB/OL]. (2022-08-31)[2023-08-07]. https://www.gov.cn/xinwen/2022-08/31/content_5707517.htm.
[2] 童星.中国应急管理的演化历程与当前趋势[J].公共管理与政策评论，2018(6)：11-20.

家组织制定了《国家安全法》《网络安全法》并修订了一系列法律法规，印发了《关于推进防灾减灾救灾体制机制改革的意见》等政策性文件。

应急管理方法方面，这一阶段科技应用于应急管理不断升级。国家高度重视科技在应急管理中的应用，密集出台政策促进以信息技术为代表的现代科技在应急管理中的深度应用。2014年国务院办公厅印发了《关于加快应急产业发展的意见》，提出要强化应急管理装备技术支撑和关键技术研发，不断提升应急产业整体水平和核心竞争力，增强防范和处置突发事件的产业支撑能力，为稳增长、促改革、调结构、惠民生、防风险作出贡献。2019年习近平总书记在主持中央政治局第十九次集体学习时指出，要以信息化推进应急管理现代化，提高监测预警能力、监管执法能力、辅助指挥决策能力、救援实战能力和社会动员能力。2022年公布的《"十四五"国家应急体系规划》提出，到2035年，建立与基本实现现代化相适应的中国特色大国应急体系，全面实现依法应急、科学应急、智慧应急，形成共建共治共享的应急管理新格局。同年公布的《"十四五"国家综合防灾减灾规划》提出，要优化整合运用各类科技资源，有针对性实施精准治理，实现预警发布精准、预案实施精准、风险管控精准、抢险救援精准、恢复重建精准。

这一系列政策的出台催生了智慧应急。智慧应急是信息技术在应急管理中深度应用的重要产物。近年来，我国不少地方政府开展了地方性的智慧应急实践探索，这些试点建设为应急管理数字化、智慧化转型提供了现实的实现途径。浙江温州迭代升级智慧应急"一张图"系统，整合全市23个部门数据，汇聚13大类6.9万余处风险源信息、200多类减灾救灾资源[①]。广东省加快推进自然灾害辅助决策系统、值班值守系统、危化品风险监测预警系统和执法监督系统建设[②]。天津市逐步形成"移动执法""高点AI云防""小快灵应用"等多个典型应用实践，建立起"监测预警+智能分析+协同联动"工作模式[③]。

二、我国当前应急管理实践面临的问题

虽然我国应急管理实践取得了巨大成就，但是面对新时代带来的新安全防范挑战，我国应急管理工作仍然存在一些问题。从科技应用于应急管理的视角来说，当前我国应急管理实践面临的主要问题有以下几类：

---

① 浙江温州：智慧应急"一张图"助力防灾减灾 [EB/OL]. (2021-02-28)[2023-08-07]. https://www.mem.gov.cn/xw/gdyj/202102/t20210228_380507.shtml.
② 广东省应急管理厅依靠科技信息化 提升防范化解重大安全风险能力 [EB/OL]. (2020-06-24)[2023-08-07]. http://yjgl.gd.gov.cn/xw/yw/content/post_3023866.html.
③ 天津"智慧应急"试点成果获评2021年度智慧应急典型案例 [EB/OL]. [2023-03-22]. https://www.mem.gov.cn/xw/gdyj/202211/t20221103_425671.shtml.

（一）科技应用于应急管理的法律法规制度尚待完善

当前，我国促进科技应用于应急管理的法律法规制度尚待完善。以智慧应急为例，主要体现为三点：第一，缺乏科技应用于应急管理的顶层设计思考。现有的国家层面关于智慧应急的法律文本不足，仅有《"十四五"国家应急体系规划》和《国务院关于加强数字政府建设的指导意见》等少量文件涉及智慧应急建设，而应急管理信息化、国家安全生产应急救援队伍建设等领域则少有部门规章制度涉及。第二，欠缺科技应用于应急管理的建设标准规范。现有的地方性法规对于应急管理数字化和智慧化的建设要求的区域性特征明显，标准化建设的相关法律法规不足。第三，缺乏科技应用于应急管理的具体实施细则。现有的地方性法规未就智慧应急等科技应用于应急管理的具体实施细则进行规范，相关论述大多散见于智慧城市建设、数字政府建设领域的相关实施细则文本中。总体而言，我国当前促进科技应用于应急管理的法律法规制度尚需进一步完善和优化。

（二）地方政府新型应急管理体制亟待建立

当前我国地方政府在应急管理中的主体责任不断加强，在新时代背景下，亟待建立与信息技术应用相匹配的地方政府新型应急管理体制。一方面，地方政府应急决策机制在机构设置和职能划分上需要完善。当前应急数据的管理由封闭走向开放，应急管理的权力控制逻辑被打破，亟须建立整体性应对的协作逻辑①。近年来,大数据管理部门已经成为政府决策的感知系统,但大数据管理部门在应急管理中的参与程度不够。另一方面,地方政府部门间的协同方式有待改变。地方政府部门间"条条"矛盾、"块块"矛盾以及"条块"矛盾已经成为应急力量从分散走向整合的障碍②,降低了部门间应急管理协调效率。由于地方层面目前主要是由应急管理职能部门牵头推动智慧应急建设,缺乏强有力的核心综合管理部门进行统筹规划,难以解决传统科层制管理架构下部门数据分散化所带来的"信息孤岛"难题,数据烟囱化和数据部门私有化现象依然部分存在③。

(三)科技应用于应急管理的机制有待创新

新时代大数据技术带来了思维和决策方法的改变,包括将目标全体作为样本的研究方式、模糊化的思维方式、侧重相关性的思考方式④。由于有了全面的信息,新时代需要我们改变原有的建立在非完全信息假设基础上的管理方法,向将科技应用于应急管理的应急决策机制、信息通报机制、数据应用机制等创新机制发力。第一,以不完备信息为基础的应急决策机制有待创新。长期以来,由于应急决策数据不完备,政府应急决策

---

① 郁建兴,陈韶晖.从技术赋能到系统重塑:数字时代的应急管理体制机制创新[J].浙江社会科学,2022(5):66-75+157.
② 闪淳昌,周玲,秦绪坤,等.我国应急管理体系的现状、问题及解决路径[J].公共管理评论,2020(2):5-20.
③ 陶振.迈向智慧应急:组织愿景、运作过程与发展路径[J].广西社会科学,2022(6):120-129.
④ 马奔,毛庆铎.大数据在应急管理中的应用[J].中国行政管理,2015(3):136-141+151.

主要依靠官员的经验和直觉，因果关系重于相关关系，应对重于预测，缺乏用数据描述事实和用数据决策的意识。政府应急决策数据包括业务数据、社会舆论数据、物理环境数据三类[①]。在新的时代背景下，三类数据呈现井喷式增长，因此有必要创新应急决策机制，建立数据驱动的应急决策机制。第二，信息通报机制有待革新。中国相当数量的突发事件演变为全国性的危机，最初都是由于在紧急状态下信息没有被真实、全面地上报和处理，在数据的收集和上传下达过程中存在瞒报、少报、冒报、漏报、不报、虚报等失信行为，致使信息失真，无法反映真实情况，错失处理事件的最佳时机。在新的时代背景下，运用信息科技革新现有的信息通报机制进而高效辅助应急决策势在必行。第三，数据应用机制有待创新。应急管理工作需要科学有效地利用相关应急管理数据，并对可能出现的各种紧急情形进行及时的预警和预测。但是，当前很多地方政府并未很好地利用应急管理相关数据，对事件潜在的影响未能进行深入分析，从而影响了后续应急管理工作的预警预测。此外，在全面广泛收集数据的同时，还需要对数据进行关联性分析。近些年，中国应对若干自然灾害的过程表明我国应对突发事件的数据关联应用能力低。例如，在 2012 年北京 "7·21" 暴雨灾害中，气象台对暴雨的持续时间和强度都进行了预报，如果有关

[①] 刘炜,夏翠娟,张春景.大数据与关联数据:正在到来的数据技术革命[J].现代图书情报技术，2013(4): 2-9.

应急管理部门将这些气象数据与山区泥石流风险数据进行关联分析，及时采取有效措施疏散山区居民，就会减少甚至避免泥石流灾害带来的惨重伤亡[①]。

（四）应急决策理念有待更新

进入新时代，一些公共事件具有极强的突发性，无法预测，所以原有的应急决策理念需要从"预测-应对"转向"情景-应对"，应急决策理念有待更新。一方面，虽然自"一案三制"的综合应急管理体系建立以来，以应急预案为基础的"预测-应对"应急决策理念经受了许多重大突发公共事件的严峻考验，但是在具体实践中也暴露了应急预案存在针对性不强、操作性不强等问题[②]。另一方面，新时代我国面临的公共事件的突发性、不稳定性和不确定性更加明显，常规的预案体系无法有效应对这些突发事件，需要更新应急决策理念，转向以突发事件情景为分析基础的"情景-应对"应急决策思维。

第三节 智慧应急研究前沿

随着我国地方政府开展智慧应急试点探索，我国应急管理正在迈向智慧应急。2022年公布的《"十四五"国家应急体系

---

① 岳向华, 林毓铭, 许明辉. 大数据在政府应急管理中的应用[J]. 电子政务, 2016(10): 88-96.
② 闪淳昌, 周玲, 秦绪坤, 等. 我国应急管理体系的现状、问题及解决路径[J]. 公共管理评论, 2020(2): 5-20.

规划》提出，到 2035 年，全面实现依法应急、科学应急、智慧应急。智慧应急是信息技术在应急管理领域深度应用的重要产物，是指运用新一代信息技术，对突发事件进行监测、预警、防范、响应、处置、化解、恢复、善后等全过程的智慧型应急管理①。学术研究应服务于实践并引领实践，因此学界积极开展智慧应急的探讨，相关研究从智慧应急理论基础、模式构建、数据治理、情报服务等方面展开。智慧应急的研究虽然取得了一定进展，但仍然处于初步探索阶段，有待进一步发展。

本节通过对相关文献进行梳理，总结分析智慧应急领域的研究热点和前沿，并展望智慧应急研究的发展方向。

一、智慧应急研究的热点议题

（一）智慧应急的基础理论研究

智慧应急是一个较新的研究话题，因此基础理论的研究尤为重要。学界就智慧应急的概念、智慧应急的意义等开展了理论探讨。

1. 智慧应急的概念界定

智慧应急即智慧型应急管理，学界对智慧应急概念的界定尚未达成一致，概括起来主要包括以下几种观点：第一，理念观。相关研究将智慧应急作为一种新兴的应急管理理念，强

---

① 李阳，孙建军. 面向智慧应急的情报资源保障能力建构 [J]. 情报学报，2019(12)：1310-1319.

调智慧应急具备智能化、敏捷化、协同化等属性[①]。第二，平台观。相关研究认为智慧应急是针对突发事件而采取的智能感知、智能分析与智能处理的应急响应解决方案[②]，智慧应急的核心在于打造具备智能服务能力的智慧应急管理平台[③]。第三，双元观。该观点强调技术应用和人文思想的双元结合，认为智慧中的"智"是指智能化、自动化，"慧"是指文化、创造力。相关研究认为智慧应急是利用新一代信息技术，融合人文思想，整合物资、资源、信息等，对突发事件进行应急准备、实施以及评估的过程[④]。

2. 智慧应急的意义

智慧应急的意义主要体现在其价值追求和治理目标。智慧应急的发展以国家安全观为基本遵循。相关研究提出智慧应急要遵循以人为本、为民服务的价值追求。如强调智慧应急的价值在于满足民众对公共安全的根本需求，因此应急管理既要依靠民众的力量，也要致力于防范和化解突发事件对民众安全的损害[⑤]，并指出智慧应急的治理目标在于赋予应急管理自我感知、判断和调整的能力，降低应急管理的不确定性，促进应

[①] 吴维军. 辽宁省智慧应急协同治理文化构建研究[J]. 辽宁行政学院报, 2022(1): 61-65.
[②] 于强. 智慧应急管理信息系统建设分析[J]. 科技创新与生产力, 2017(8): 7-10.
[③] 陶振. 迈向智慧应急：组织愿景、运作过程与发展路径[J]. 广西社会科学, 2022(6): 120-129.
[④] 李纲, 李阳. 情报视角下的城市智慧应急研究——兼谈熵理论的引入[J]. 图书与情报, 2015(1): 66-71.
[⑤] 颜德如, 张玉强. 习近平应急治理观的生成逻辑、基本意涵及其重要价值[J]. 理论学刊, 2021(5): 14-23.

管理向以人机交互、大数据分析为特征的管理模式转变[①]，推动应急决策从有限理性转向全面感知，实现智慧应急管理效率的全面提升。

（二）智慧应急的模式构建研究

着眼于智慧应急的建设实践，学者们通过案例分析、田野调查等方式探讨智慧应急的实践困境，并通过智慧应急模式的构建探寻智慧应急的发展路径。

1. 智慧应急的实践困境

相关研究指出，我国智慧应急实践的现实瓶颈主要包括以下几方面：首先，标准化建设不足。地方政府开展智慧应急建设的区域性特征明显，缺乏智慧应急建设的顶层规划，各地应急管理系统和平台存在重复建设以及兼容性不足的问题[②]。其次，数据协同不足。一方面，应急管理相关部门之间的条块分割和信息壁垒给应急数据的跨部门整合、共享造成困难[③]；另一方面，智慧应急须协同企业、社会组织等共同参与[④]，但当前社会参与有限，导致政府数据和社会数据融合不足。最后，信息技术手段应用有限。算法识别、AI、大数据、物联网等技术尚

[①] 李志强，许峰. 整体智治与网络融合：智慧社区应急治理机制及路径——基于浙江的实践探索 [J]. 电子政务，2022(9)：27-38.
[②] 陶振. 迈向智慧应急：组织愿景、运作过程与发展路径 [J]. 广西社会科学，2022(6)：120-129.
[③] 姚建义，金雅玲，汤晓勇，等. 突发公共卫生事件智慧应急发展探讨 [J]. 中国工程科学，2021(5)：34-40.
[④] 张锋. 大数据视域下特大城市应急管理模式反思与重构 [J]. 城市发展研究，2020(9)：12-18.

未在应急管理中深度运用,例如针对大规模灾害的计算分析工具欠缺、风险评估系统研发有待加强[①]。

2. 智慧应急模式构建

在模式构建方面,学者们主要从环境数字化视角、协同视角、技术赋能视角构建智慧应急模式,探寻智慧应急的发展路径。从环境数字化视角,有学者关注智慧城市、智慧社区建设环境下应急管理模式的创新,如李志强和许峰提出"文明型"智慧社区应急治理模式[②]。从协同视角,有学者从政企协同、民众参与等维度探讨智慧应急模式的构建,如高志豪等依据协同理论和循证理论构建多源数据驱动下产业协同应急智慧服务模式[③],巩宜萱等分析政企合作下智慧应急系统建设的经验做法,包括向上响应与向下落实、管运分离、信息数字化建设[④]。从技术赋能视角,有学者关注技术嵌入如何赋能智慧应急模式的形成,如胡重明等从数字技术、组织管理和治理模式维度分析技术嵌入和组织管理的互动关系[⑤],张鑫提出技术嵌入推动了应急

---

① 刘奕,张宇栋,张辉,等. 面向2035年的灾害事故智慧应急科技发展战略研究[J]. 中国工程科学,2021(4):117-125.
② 李志强,许峰. 整体智治与网络融合:智慧社区应急治理机制及路径——基于浙江的实践探索[J]. 电子政务,2022(9):27-38.
③ 高志豪,郑荣,魏明珠,等. 多源数据驱动下产业协同应急智慧服务模式研究——以芯片产业"卡脖子"技术应急场景为例[J]. 情报理论与实践,2023(5):154-165.
④ 巩宜萱,米硕,刘长杰. 政企合作下的智慧应急系统建设——以深圳市为例[J]. 行政论坛,2022(5):154-160.
⑤ 胡重明,喻超. 技术与组织双向赋能:应急管理的整体智治——以杭州城市防汛防台体系数字化转型为例[J]. 浙江社会科学,2022(7):59-67+158.

决策主体、决策认知和决策方法发生改变，从而引发新型应急管理决策范式形成[1]。

（三）智慧应急数据治理研究

应急数据是指支持突发事件应急管理的各种数据资源。当前数据已然成为智慧应急的核心资源，数据治理成为推动智慧应急发展的重点任务。所以，应急数据治理成为学者们关注的热点。相关话题包括应急数据协同、应急数据服务、应急数据安全管理等。

1. 应急数据协同

对于应急数据协同，学者们主要围绕数据融合、信息协同主体和信息协同机制展开探讨。在数据融合方面，学者们关注大数据环境下如何实现应急数据融合，如操玉杰等提出要以数据层、语义层、服务层的信息融合服务于应急决策全流程[2]。在信息协同方面，相关研究探讨应急信息协同主体角色定位、权责关系[3]，应急信息协同的影响因素与模式创新[4]，以及从众包[5]、

---

[1] 张鑫.智慧赋能应急管理决策的范式转变与使能创新[J].江苏社会科学,2021(5):55-62.

[2] 操玉杰,李纲,毛进,等.大数据环境下面向决策全流程的应急信息融合研究[J].图书情报知识,2018(5):95-104.

[3] 冯欢庆.突发事件网络舆情多元主体协同治理模式研究[D].哈尔滨:哈尔滨师范大学,2019.

[4] 姚晨,樊博,赵玉攀.多主体应急信息协同的制约因素与模式创新研究[J].现代情报,2022(7):31-41.

[5] 陈婧,陈鹤阳.基于众包的应急管理信息主体协同机制研究[J].情报理论与实践,2016(5):69-73.

物理-事理-人理三元定位[①]、大数据驱动[②]等视角建立应急信息协同机制等。

2. 应急数据服务

应急数据的运用旨在服务于智慧应急。学者们关于应急数据服务的探讨主要包括以下几方面：第一，数据运用于预测预警方面，包括构建自然灾害数字化监测预警机制[③]、多源数据融合监测感知网络[④]等。第二，应急数据服务于资源调配方面，如袁玉、樊博探讨了大数据驱动的应急资源布局的实现过程[⑤]，刘明等从数据驱动视角构建了创新的应急物流网络动态调整优化模型[⑥]。第三，应急数据服务于应急决策方面，主要包括数据驱动的突发事件应急决策价值、困境与机制探析等[⑦]。第四，新兴数据的应急价值方面，社交媒体数据、社会感知数据等在应急管理中的应用价值逐渐受到关注。如赵又霖等基于社会感知数

---

① 狄鹤,张海涛,张连峰.WSR三元定位视角下突发公共事件的政府多主体信息协同机制研究[J].情报杂志,2021(7): 189-194+188.
② 张桂蓉,雷雨,冯伟,等.大数据驱动下应急信息协同机制研究[J].情报杂志,2022(4): 181-185+201.
③ 石正英.大数据背景下农村自然灾害监测预警体系研究——以贵州省地质灾害为例[J].农村经济与科技,2022(18): 155-157.
④ 冯双剑,谢小冬.构建多源数据融合监测感知网络——访森林火灾监测预警应急管理部重点实验室[J].中国应急管理,2022(7): 32-35.
⑤ 袁玉,樊博.大数据驱动的应急资源布局研究[J].信息资源管理学报,2022(3): 35-43.
⑥ 刘明,曹杰,章定.数据驱动的疫情应急物流网络动态调整优化[J].系统工程理论与实践,2020(2): 437-448.
⑦ 曹青青.大数据环境下应急管理决策机制研究[J].现代商贸工业,2016(32): 45-46;陈玲玲.大数据驱动的突发公共事件应急决策价值、困境与路径探析[J].桂海论丛,2022(2): 54-58.

据构建突发事件应急管理的时空语义模型①,顾明赟探讨社交媒体用户数据驱动下突发事件舆情演化及博弈过程②。

3.应急数据安全管理

随着各类数据在智慧应急中的应用,数据安全问题逐渐受到关注。针对数据安全问题,学者们从不同角度探讨如何推进应急数据安全管理。朱静洁和吴大华提出个人数据收集应该遵循一定原则,包括目的限定、数据最小必要、高效安全的原则③;周鑫等从技术视角探讨区块链技术对隐私保护的赋能机理④;宿杨从法治视角提出要界定数据资产边界、推进个人数据法律保护并构建数据产权交易机制;等等⑤。

(四)智慧应急情报服务研究

智慧应急依赖应急情报的先导性支持和嵌入性服务,应急情报服务是推动我国突发事件应急管理走向智慧应急的关键。学界对智慧应急情报服务的探讨主要包括情报服务的逻辑、情报体系构建、情报服务能力提升等方面。

---

① 赵又霖,庞烁,吴宗大.社会感知数据驱动下突发事件应急管理的时空语义模型构建研究[J].情报科学,2021(2):44-53.
② 顾明赟.社交媒体用户数据驱动的突发公共事件舆情演化及博弈研究[D].北京:中国地质大学,2022.
③ 朱静洁,吴大华.公共卫生智慧应急管理中个人数据收集的现存问题及对策研究[J].贵州社会科学,2022(9):89-95.
④ 周鑫,张静,谢津,等.区块链赋能突发公共卫生事件开放数据隐私保护研究[J].现代情报,2023(1):141-150.
⑤ 宿杨.数据资产管理的法治基础探究——基于公共卫生智慧应急管理实践[J].宏观经济管理,2020(12):56-62.

1. 智慧应急情报服务的逻辑

智慧应急情报是一种智慧化的情报产品或情报工作过程，其目标是提供智慧服务[1]。学者们讨论了应急决策中的情报介入机制[2]、突发事件不同阶段（预防、响应和恢复等阶段）的情报需求[3]、情报智慧赋能态势感知的逻辑[4]、情报与智慧决策的互动关系与契合过程[5]等，以揭示智慧应急情报服务于决策的逻辑。

2. 智慧应急情报体系构建

学者们从协同治理、情报工程化等角度探讨智慧应急情报体系的构建。李阳和李纲从情报工程化视角构建智慧应急情报工程体系[6]；张桂蓉等从协同治理视角构建数智赋能的应急情报协同体系[7]；王秉、陈超群从安全情报视角构建智慧安全情报服务体系[8]；曾子明、杨倩雯提出了智慧管控情报体系的保障

---

[1] 郑荣,高志豪,魏明珠,等.面向国家重大战略的智慧情报服务:内涵界定、赋能机制与逻辑进路[J].图书与情报,2022(5):115-124.
[2] 刘建准,唐需雯,石密,等.突发事件应急管理中情报介入的研究进展与启示——基于知识图谱的可视化分析[J].文献与数据学报,2019(2):109-120.
[3] 叶光辉,李纲.多阶段多决策主体应急情报需求及其作用机理分析——以城市应急管理为背景[J].情报杂志,2015(6):27-32.
[4] 张海涛,周红磊,张鑫蕊,等.情报智慧赋能:重大突发事件的态势感知[J].情报科学,2020(9):9-13+22.
[5] 仓依林,曹如中,郭华,等.智慧决策的情报支持及其作用机理研究——以南宁城市应急联动系统为例[J].图书馆理论与实践,2019(12):55-59.
[6] 李阳,李纲.面向应急决策的智慧城市情报工程实践与应用[J].图书情报工作,2016(11):81-85.
[7] 张桂蓉,雷雨,王秉,等.数智赋能的应急情报协同体系研究[J].现代情报,2022(11):150-157.
[8] 王秉,陈超群.智慧安全情报服务体系研究[J].现代情报,2021(4):3-9+164.

机制[1]。

3. 智慧应急情报服务能力提升

情报服务能力一般是指情报主体提供服务过程中表现出的知识与技能等综合能力。随着智慧应急情报需求的增加，提升情报服务能力的重要性凸显。相关话题主要包括情报服务能力构建、能力评价等方面。在情报服务能力构建方面，李阳、孙建军提出面向智慧应急的情报资源保障能力[2]；在情报能力评价方面，郭勇、张海涛推演应急情报智慧树模型并设计情报能力评价指标[3]。

（五）智慧应急信息系统研究

应急科技发展是智慧应急的重要组成部分，是智慧应急发展的重要支撑。学者们围绕智慧应急的技术发展与应用、智慧应急的系统和平台建设等方面展开探讨。

1. 智慧应急的技术发展与应用

相关话题主要包括智慧应急的技术发展战略、特定信息技术应用等。在技术发展方面，于强分析了智慧应急的关键技术及其实现路径[4]；刘奕等提出了我国灾害事故方面应急科技发展框架

---

[1] 曾子明，杨倩雯.城市突发事件智慧管控情报体系构建研究[J].情报理论与实践，2017(10)：51-55+79.
[2] 李阳，孙建军.面向智慧应急的情报资源保障能力建构[J].情报学报，2019(12)：1310-1319.
[3] 郭勇，张海涛.新冠疫情与情报智慧：突发公共卫生事件疾控应急工作情报能力评价[J].情报科学，2020(3)：129-136.
[4] 于强.智慧应急管理信息系统建设分析[J].科技创新与生产力，2017(8)：7-10.

和战略方向①。也有部分学者聚焦于特定技术如GIS技术②、基于5G网络的物联网技术③、数字孪生技术④等在智慧应急中的应用。

2. 智慧应急的系统和平台建设

相关研究主要探讨应急管理各个领域的各类应急信息系统或平台的搭建和应用。首先，应急信息管理系统建设方面，相关研究主要围绕系统架构、运作过程、系统应用等方面展开探讨。例如，叶清琳等探讨了应急通信协同指挥系统设计⑤，李贺等讨论了基于大数据的应急指挥决策平台的设计⑥，胡楚丽等构建了城市异构传感器资源集成共享平台⑦，陶振分析了全方位服务能力的智慧应急管理平台的构成⑧。其次，特定应急领域的信息系统建设方面的研究关注智慧城市交通应急平台建设⑨、矿井

---

① 刘奕,张宇栋,张辉,等.面向2035年的灾害事故智慧应急科技发展战略研究[J].中国工程科学,2021(4):117-125.
② 甄林锋,高霖,陈於立.GIS技术在智慧应急中的应用[J].中国应急救援,2015(5):48-51.
③ 王岩,范苏洪.基于5G网络的物联网技术在智慧应急中的应用[J].通信技术,2021(1):224-230.
④ 陈庆勇.基于数字孪生技术的福建省智慧渔港应急管理平台建设的探索[J].安全与健康,2022(10):66-70.
⑤ 叶清琳,刘玲,翟晓晓.基于北斗的交通路网应急通信协同指挥系统设计[J].无线电工程,2022(3):515-521.
⑥ 李贺,蒋长帅,白晓波,等.基于大数据的城市综合应急指挥决策平台设计与研究[J].电子测试,2022(15):66-69+62.
⑦ 胡楚丽,陈能成,关庆锋,等.面向智慧城市应急响应的异构传感器集成共享方法[J].计算机研究与发展,2014(2):260-277.
⑧ 陶振.迈向智慧应急：组织愿景、运作过程与发展路径[J].广西社会科学,2022(6):120-129.
⑨ 赵舒扬,赵东辉,喻华,等.大数据背景下智慧城市交通应急平台建设[J].测绘通报,2019(A1):140-142.

水害智慧应急救援服务系统[①]等。最后，应急信息服务产品方面，随着突发公共卫生事件成为关注焦点，如健康码等应急信息服务产品逐渐受到关注，史晨和马亮通过分析健康码生成和扩散过程来探究技术创新对智慧应急的推动作用[②]。

二、智慧应急研究有待突破方向

（一）智慧应急体系的整体性研究

当前较为缺乏宏观层面的智慧应急体系的整体性研究。未来研究可重点关注智慧应急法制化建设、决策体制和情报体系建设。

第一，智慧应急法制化建设研究亟待推进。法制是应急管理的重要基础。大数据及相关技术在智慧应急中的应用不可避免地会带来数据安全和个人隐私泄露的问题，因此，需要借助顶层设计来完善大数据应用于智慧应急的法律法规，包括对于预防数据安全风险和保护数据安全的明确规定，为智慧应急的发展提供法律保障。第二，数字政府背景下与智慧应急相匹配的决策体制有待探讨。政府数字化转型背景下，应急数据管理由封闭走向开放，传统应急决策的权力控制逻辑被打破，所以，应急管理相关部门在机构设置和职能划分上需要进行调整

---

① 武强,徐华,赵颖旺,等.基于云平台的矿井水害智慧应急救援系统与应用[J].煤炭学报,2018(10):2661-2667.
② 史晨,马亮.协同治理、技术创新与智慧防疫——基于"健康码"的案例研究[J].党政研究,2020(4):107-116.

和完善。但是，当前从整体性和战略性角度探讨如何整合部门资源、构建无缝隙应急决策体制的研究较为缺乏。第三，智慧应急情报体系建设的研究有待推进。智慧应急情报体系的建设在应急管理智慧化转型中发挥重要价值，同时智慧应急的发展也对情报管理体系提出了更高要求。当前研究更多关注突发事件应急管理流程的部分环节，从整体视角探讨应急情报与应急管理全过程融合逻辑的研究较少。情报流程如何有效嵌入应急管理流程，应急情报在应急决策中发挥怎样的价值以及价值效用如何，如何提升应急情报服务能力并推进应急情报体系建设，这一系列问题仍需要进一步探讨。

（二）全媒体环境下应急数据融通与传播的研究

如何在应急管理中保证数据的融通是当前智慧应急面临的重要问题。全媒体环境下，媒介渠道的全面互补给数据融通和传播带来新的变化，但目前对政府应急数据融通机制、面向社会的应急数据传播机制的研究较少，有待进一步扩展。

第一，强化智慧应急数据融通机制的研究。从政府内部来看，政府部门应急数据共享融通研究有待拓展。当前政府应急信息管理系统大多是垂直式的信息传递和通报系统，信息通道中间环节较多，信息不对称现象较为严重。政府内部应急数据融通的制约因素是什么，如何实现跨层级、跨地域、跨部门间应急数据资源的协同运行和统筹规划，这一系列问题有待进一步探讨。从政社协同来看，智慧应急在向政府、市场、社会共治共享的参与式治理转变,然而当前对社会舆论数据在应急管理中的应用的研究较少。全媒体环境下每个人都是信息传播者,新媒体蕴涵着高时效的公众诉求数据、舆论数据等应急数据,如何在海量社会数据中筛选、甄别出有价值的应急信息以支撑应急决策,亟待进一步探讨。第二,扩展智慧应急数据传播机制的研究。随着突发事件愈发复杂化,新媒体舆论引导和控制成为风险管理的关键。虽然社交媒体中的意见领袖仍以权威发布为主,但新媒体舆论传播中心化程度低,新媒体环境下政府权威信息的传播、应急措施的发布仍面临困难。未来研究可以引入政社协同视角,探讨如何借助公众、企业的力量,促进应急信息的沟通和传播,营造良好的应急管理舆论氛围。

(三)数据赋能智慧应急运行机制的系统研究

当前从数据赋能视角探讨智慧应急运行机制的研究较少。已有的对数据赋能智慧应急管理的运行机制的研究呈现单一化和静态化特征,缺乏深入探究,尤其缺乏对动态化情景的分析。

第一,数据赋能智慧应急的运作机制有待深入探讨,未来研究可扩展系统性和动态性的研究思路。大数据及相关技术已嵌入应急管理的诸多环节,推动应急管理的智慧化转型,因此构建数据赋能的智慧应急运行机制势在必行。一方面,当前研究更多聚焦于数据赋能应急管理的部分环节(如风险预警环节)或特定层面(如组织层面、技术层面),较为缺乏系统性和整体性研究,对数据如何赋能智慧应急管理并实现机制创新的阐释尚不明晰。另一方面，突发事件的智慧应急决策须具有动态性和前瞻性，同时智慧应急中的应急数据流动可能是交叉且非线性的，因此数据赋能应急决策需要根据情境要素的变化进行动态调整。未来研究可融入"情景-应对"的动态化思路，加强对数据赋能智慧应急管理的情景分析。第二，数据赋能智慧应急的案例研究有待拓展。目前有关数据赋能智慧应急的探讨更多是在规范层面进行的，如数据在应急管理各阶段的作用、数据驱动的情报体系理论构建等，缺乏各领域突发事件中数据资源赋能智慧应急决策和管理的实证研究，未来研究可进一步加强相关的实际案例分析和建模仿真应用。

（四）面向智慧应急信息平台建设的研究

建设集约高效的技术支撑体系是智慧应急发展的基础。当前面向智慧应急的信息平台建设的研究亟待拓展，未来可加强对面向业务的一体化的大数据应用平台、智慧决策辅助平台建设的研究，以及面向服务的应急信息服务产品开发研究。

第一，推进智慧应急的大数据应用平台的研究。突发事件的高度复杂性和不稳定性对风险预警、应急决策等应急管理活动的精确性和有效性提出更高要求。当前对智慧化大数据应用平台或系统的研究还远不能满足突发事件频发情况下应急管理的实际需求。未来有必要加强对大数据挖掘、机器学习、AI算法等技术应用的研究，进一步构建一体化应急数据共享开放平台，以保障应急数据的全面和完备；研究智慧化突发事件监测预警平台，通过大数据结合算法模型智能识别突发事件早期风险并发出预警；设计数据赋能的决策辅助支持系统，支撑应急决策的快速响应；搭建智慧应急管理指挥平台，支撑突发事件前方指挥和救援团队的实时对接，促进物资调配、人员安排的统筹协调。第二，加强面向智慧应急的信息服务产品开发研究。随着社会力量逐渐参与到应急管理中，实践中涌现出多种类型的应急信息服务产品（如健康码），这些产品在智慧应急管理中发挥了重要的信息支撑和服务作用。然而，目前较为缺乏对突发事件压力情境下应急信息服务产品开发的研究，对应急信息服务产品的生成机理、运作机制等有待进一步探讨。

第四节　数据赋能的智慧应急研究框架

人工智能、大数据、区块链等数字技术的快速发展，推动了经济转型与政府治理变革，并带来规模越来越大的、多样态的和高速流转的数据。这些数据不但是重要的治理资源，而且不断催生出新的治理模式，在国家治理体系和治理能力建设中具有广阔的发展空间。在突发事件应急管理过程中，基于大数据开发的多源可信的信息资源、分析工具和决策模式将助力应急管理中监测、预警、防范、响应、处置、化解、恢复、善后等各环节工作，推动传统应急向智慧应急的体系变革。

一、应急信息资源及管理

（一）应急信息资源界定与分类

信息是应急管理的血液。应急信息除了包含突发应急事件的内部结构特征和外部环境状态外，还包含主体对突发应急事件活动表征的感知和表示。应急信息资源是关于应急事件的多种事实、知识、意见与态度的集合。狭义的应急信息资源指应急管理工作涉及的灾害、灾情、资源及其他信息。广义的应急信息资源是指应急管理活动中信息、信息人员、信息技术、信息基础设施等全部信息要素的集合。应急信息资源与应急管理紧密相连。笔者认为，应急信息资源是应急管理过程中与应急相关的所有应急信息的集合，具有来源广、数据量大、不确定性和时效性强，以及明显的公共物品属性等特征。

根据信息资源范围可将应急信息资源分为公共部门内部应急信息资源与外部应急信息资源；根据应急事件发生过程可将其划分为应急准备信息资源、监测与预警信息资源、决策与救援信息资源以及恢复与重建信息资源；根据应急管理信息来源可将其分为物理感知信息、部门业务信息和社会舆论信息。

（二）应急信息管理

应急信息管理是基于突发事件应急管理全过程，利用信息工具方法，围绕应急管理所需信息资源进行采集、加工、传递、利用、传播和反馈等活动，为应急决策机构、职能部门和社会公众提供及时准确的情报。与常规应对和处置相比，应急信息管理更加强调信息资源的及时性、准确性、完整性和一致性等特征。传统应急管理也离不开应急数据（信息）资源。传统应急信息资源主要集中在纵向行政体系"条"与横向业务部门"块"分立的政府内部应急管理体系，政府体系外的社会信息作为重要的补充。其中，纵向的应急信息资源通过官僚组织的等级权威实现信息的集中，横向的应急信息资源则在地区间、部门间以及军队与政府间横向传递，社会性应急信息资源是指来自社会、媒体等的行政体系外的所有与应急相关的信息。

突发事件应急信息管理的相关研究较多。有学者基于应急信息资源特征提出政府、市场和社会的应急信息资源配置模式以实现应急信息资源效用最大化[1]；郭路生等在应急信息需求分析基础上，借助情报工程理念，为应急情报信息资源需求获取工作提供新思路[2]；操玉杰等通过对比大数据环境下的应急信息与信息需求，提出搭建应急决策面向的信息融合框架[3]；面对多源、异构以及分散的信息资源，郭路生、刘春年提出可以基于总体规划搭建应急信息资源分类目录体系，依据突发公共卫生事件信息流程与需求，聚合海量信息源和信息种类，对应急信息进行有序化分类处理和集成化加工，以期为应急信息的有效

---

[1] 焦玉英,胡昌平,邓胜利.数字化信息服务研究——2009年信息化与信息资源管理学术研讨会论文集[C].武汉：武汉大学出版社,2009.
[2] 郭路生,刘春年,胡佳琪.工程化思维下情报需求开发范式——情报需求工程探析[J].情报理论与实践,2017(9)：24-28.
[3] 操玉杰,李纲,毛进,等.大数据环境下面向决策全流程的应急信息融合研究[J].图书情报知识,2018(5)：95-104.

传递和共享提供可能路径①；在信息加工环节，刘春年、张凌宇提出应基于原有信息资源实现应急信息价值增值②；在信息共享协同方面，姚晨等提出了统筹全局应急信息资源规划，结合应急管理阶段特征构建基于数据-行为-业务的多主体应急信息协同总体架构③。

（三）应急信息管理现状及问题

我国应急信息管理无论是在宏观体系制度安排上，还是信息技术系统建设方面都取得了长足的进步，但也暴露出了一些具体现实问题。

"非典"之后，我国初步建立的突发事件应急管理"一案三制"的组织体系成为应急信息管理的组织体系与制度安排。《突发事件应对法》要求国务院建立全国统一的突发事件信息系统，县级以上地方各级人民政府应当建立或者确定本地区统一的突发事件信息系统以收集、处理和传递信息。应急信息管理存在于突发事件的预防、准备、响应与恢复全过程，通过计算机技术、信息技术等现代化方式，可使应急管理决策科学化、智能化。应急信息资源管理进展主要体现在功能实现和信息技术两方面。从功能实现方面来看，我国的信息接报和响应快速

---

① 郭路生，刘春年.基于EA的政府应急信息资源目录体系构建研究[J].情报杂志，2016(10)：125-130.
② 刘春年，张凌宇.基于应急事件的信息资源再生：关键要素与现实路径[J].情报理论与实践，2017(4)：66-71.
③ 姚晨，樊博，赵玉攀.多主体应急信息协同的制约因素与模式创新研究[J].现代情报，2022(7)：31-41.

准确，分散的信息资源和信息系统基本能实现互联和共享，应急信息资源统一指挥和协调联动能力不断提高。在信息技术方面，借助应急信息专用设备实现对应急信息的实时监测与即时采集；依托应急信息系统平台实现应急信息传递、交流与共享；技术系统的数据处理与辅助支撑能力不断增强，应急信息的存储和安全也更有保障。

但是，传统应急信息管理重视技术形式而缺少对信息内容价值的把握和情报工程理念的指导。我国应急管理"一案三制"加剧了应急管理体系的条块分割，使得各级应急信息管理部门各自为政、应急信息系统重复建设，造成应急信息管理衔接不足、缺乏联动的低效局面。应急信息多源分散，导致应急信息管理出现多头采集、分散管理和重复存放等问题，应急信息资源整体质量不高。应急信息共享程度低，风险信息联动性差，"信息孤岛"现象普遍，信息资源协同效用难以实现。此外，应急信息管理组织独立性不足和管理人才缺乏导致应急信息管理的信息监测、采集和预警能力低，不足以应对突发事件，而且，外部也缺少对应急信息管理的有效监督与能力评估。目前，传统应急信息管理的突出问题在事前、事中和事后三个阶段都有所体现。

事前应急信息管理的不足。这首先表现为应急监测数据的采集处理能力不足。当前，传统的应急监测主要存在的问题是：应急监测预测覆盖面窄、准确度不够；我国部分地区应急监测设施建设缓慢，未能形成完整的监测预警网络，部分地区仍然依靠人工监测和报告，偏远地区的监测设施与网络等基础设施更为薄弱。其次，应急信息传递效率较低。随着时间的推移，突发事件的灾害程度和造成的损失会升级，有的甚至会超出控制能力范围，因此，突发事件发生前的这一段时间就显得非常重要。但我国的突发事件信息通报和公布缺乏畅通有效的渠道，导致信息传递效率低下，公众无法及时收到应急预警，也就无法及时采取风险应对行为。最后，风险预警评估能力不足。通常情况下，突发事件往往裹挟着其他风险，而当前我国传统应急管理预警评估以单一风险为主，评估预警工作主要由各主管部门负责，信息离散、缺少关联，难以如实反映实际突发事件中各种风险耦合产生的复杂叠加效应与时空演变过程，往往低估了灾害的实际破坏程度。

事中应急信息管理的不足。这一方面表现为应急响应协调联动性差。灾害发生时，仅凭单个部门的力量难以及时有效地处置好突发事件。应急决策主体与处置主体缺乏对应急信息资源的整体统筹和协调调度能力会导致在面对突发事件时，各主体间出现应急职能打架、救援队伍分散以及应急资源重复配置等情况，难以采取合理、迅速和有针对性的应急响应措施，不仅降低了应对灾害的效率，还增加了应急成本。另一方面表现为应急处置信息数据不共享。纵向上，上级部门应对突发事件的信息主要依靠下级部门逐级向上报告，纵向信息报告不畅致使上级部门无法及时准确地做出应急决策。横向上，我国应急管理各部门存在严重的各自为政的现象，信息沟通不及时和信息不对称现象普遍存在，应急信息不共享阻碍了上级决策主体对突发事件的全局掌握和精准研判，从而影响了各个处置主体的应急处置效率。

事后应急信息管理的不足。如果政府应对突发事件时报告信息、公开信息不及时就很容易造成"信息真空"。一旦不实言论在网络上迅速发酵，造成谣言传播，就会引发各种次生危机，给应急主体的处置增添更高的难度和更大的风险。当前，我国在突发事件信息的公开发布方面仍存在着消息不对称、权威消息滞后、信息发布不及时等问题，容易造成公众对政府工作产生怀疑的不良影响。另外，应急管理部门关注突发事件的决策和应对，缺少对事后总结、评估和学习的重视，对各种应急预案的更新和调整不及时，不能很好地指导未来突发事件的应急信息管理工作。

二、大数据与应急管理

大数据时代，政府部门、企业单位和社会公众的偏好选择、意见表达和行为方式都可以高度数据化，成为重要资源。大数据提升公共部门科学决策、社会监管和公共服务的能力得到了广泛证实，其在应急管理方面同样发挥着重要作用。

大数据时代产生的海量数据资源成为重要资产，数据资源开发成为国家、市场和社会发展的关键领域。大数据指数据规模超出常规工具抓取、存储、管理和分析的能力的数据集，具有规模大、多样化与时效性强的特性，需要使用先进的技术和工具来实现数据采集、存储、加工、整合和分析，以挖掘信息价值。大数据内涵丰富，是呈几何级数增长的宝贵资源，既包括组织自身的信息系统产生的数据，也包括组织外部的数据；既包括"结构化数据"，也包括"半结构化数据"和"非结构化数据"。应急管理是对突发事件的全过程进行管理，并在非常态的危机情景下展开的，因而公共部门需要对由各种难以预测的风险情形与重大威胁等因素聚合形成的重大事件，在非常有限的时间内，做出重要研判和决策。传统应急管理的应急技术与应急思维是与传统数据收集与处理背景下建立起来的应急管理体制相适应的，并不能与大数据时代的应急信息环境和危机应对需要相适应，亟待突破。

（一）大数据提升应急管理能力

大数据的价值在于在海量数据的分析过程中实现知识发现。大数据应用于公共部门应急管理有利于提升公共部门面对突发事件时的决策质量和应对效率，提高其突发事件应急管理能力，并创造更大的公共价值。地理信息、网络行为和物理感知数据资源渠道的拓宽增加了应急管理数字资源。在政府开放数据的基础上，借助第三方机构和公众力量对应急数据进行创造性整合分析，拓宽应急管理主体参与路径。利用大数据技术分析各种类型、载体、领域的应急管理数据，增强公共部门应急决策主体的科学理性思维。实时了解应急决策的实施情况、执行效果，并根据情境变化及时调整决策，提高应急主体反应能力。借助大数据的及时广泛性，利用大数据预测模型对事态发展进行科学的预测，进而辅助政府应急决策目标的确定和方案的制订。在应急处置后，建立大数据技术跟踪监控系统，动态反馈决策实施情况，进一步落实应急处置的效果监督与目标考核。

（二）数据驱动的应急管理

数据既是一种生产要素，也是一种治理要素，还是政府转型的关键驱动因素之一，数据驱动的本质即信息驱动。黄其松等认为大数据驱动就是利用数据来推动工作[1]，强调大数据驱动是一种外在技术力量。数据驱动就是借助外在技术力量，利用数据来推动工作，在数据转化的过程中形成包含数据洞察力、数据理解力和数据行动力的综合能力。数据驱动的应急管理即应急主体通过对应急数据进行分析，将数据转化为洞察力，从数据中获取对相关突发事件的理解，从而做出有效的应急决策和处置行动。

大数据贯穿突发事件的风险防范、应急准备及处置和恢复的全过程。陈谭、王鹏将数据作为研判决策参考的文本来源、

---

[1] 黄其松，邱龙云，冯媛媛.大数据驱动的要素与结构：一个理论模型[J].电子政务，2020(4)：49-57.

开展协同共治的功能禀赋以及生成智能化机制的算法支撑[①]。数据驱动应急管理具有循数性、协同性和智能性特征，基于数据驱动的决策方法引导政府用"实证事实"取代"主体意识"和利益集团的影响，从而让政府行政决策更加高效、负责和开放。

三、数据赋能智慧应急

（一）数据赋能与智慧应急

1. 数据赋能

数据作为应急管理中重要的信息资源，其作用体现为其为应急决策和处置应对过程提供支持的能力。随着数据相关业务与配套工具逐渐演变为应急管理基础设施，其作为一种架构性的力量深入到了应急管理过程。在此情形下，数据赋能既包括数据使能，也包括数据赋权。数据使能既是一种赋能行为，也注重价值实现的赋能结果。数据赋权强调数据作为一种打破传统权力格局的赋能工具。数据逐渐从外部生存环境走向数据观念嵌入，发挥着赋能应急管理的内驱作用，解构传统的权力关系。

赋能这一概念源于人力资源管理中企业组织自上向下分权的过程，主要关注赋能对象与赋能方式：前者强调赋能对象被赋能的过程，聚焦赋能对象的能力变化；后者以价值创造为

---

① 陈潭, 王鹏. 大数据驱动公共卫生应急治理的智慧表征与实践图景 [J]. 电子政务, 2021(6): 85-99.

导向，关注赋能实现过程以及赋能工具。数据赋能相关理论研究将数据赋能定义为创新数据运用场景和技能方法，实现数据价值的过程，后续研究将其进一步完善为特定系统基于整体视角创新数据运用场景及技能和方法以获得或提升整体的能力，最终实现数据赋能价值的过程。兰卡等人将组织数据赋能能力分为智能、连接和分析三类，三者协同可以提高组织的数据获取、分析和运用能力，从而获得赋能价值[①]。周文辉等指出，数据赋能是资源赋能的核心，能提升信息连接能力、数据分析能力和信息运用能力[②]。现有数据赋能研究强调作为现象及现象与现象间关系表达的数据并不能让使用主体自动获得价值，以及数据赋能聚焦整体和系统而非个体与系统子元素。

另外，现有的数据赋能研究中，数据赋能、大数据赋能与数字化赋能等概念存在混淆的情况，因此这里有必要对它们进行区分。大数据赋能目前尚未有明确定义。在大数据分析的架构中，大数据的技术能力决定了组织、构建及挖掘数据背后隐藏的可操作信息的可能性，赋能风险应对过程与目标的实现。所以，大数据赋能涵盖了大数据本身、大数据技术平台和大数据技术能力。数字化赋能是指数据和数据技术驱动经济社会创新及其带来的变革效应，即数字化赋能关注数字化技术在赋能

---

① LENKA S, PARIDA V, WINCENT J. Digitalization capabilities as enablers of value co-creation in servitizing firms [J]. Psychology & marketing, 2017 (1): 92-100.
② 周文辉, 王鹏程, 杨苗. 数字化赋能促进大规模定制技术创新 [J]. 科学学研究, 2018(8): 1516-1523.

对象的能力获得或能力提升方面的作用。大数据赋能强调大数据及大数据分析方法，而数字化赋能侧重数字技术和工具。而数据赋能实际包含大数据赋能和数字化赋能，大数据赋能与数字化赋能是数据赋能具体的赋能方式和手段。

2. 数据利用对智慧应急的赋能

应急管理正在走向智慧应急，而智慧应急需要以应急管理为中心，建立起运用新一代信息技术，对突发事件进行监测、预警、防范、响应、处置、化解、恢复和善后等应急全过程管理的情报资源系统。智能化时代需要发挥数据赋能效用，构建数字政府应急管理智慧模式。智慧应急是具有智慧特征的应急管理，数据作为数字化基本要素，赋能应急管理转型为智慧应急管理。

数据赋能作为技术赋能的一种，依托互联网和人工智能等新兴技术，持续发挥数据分析和技术资源的优势，对风险事件进行精准监测、预警与研判，以期实现智慧应急的价值创造。数据赋能智慧应急需要从整体视角创新数据使用场景、技术和方法，将智慧应急技术嵌入应急管理流程和业务，通过对数据的采集、整合、分析，将新型的数字化赋能作为公共危机情景下常规科层制统合的有益补充，以强化科层制的合法性，同时利用工具理性简化治理难题，在数字赋能与智慧应急的互构中，形塑出彼此兼容的特性。数据赋能通过应急管理内在机制驱动应急管理迈向精准化、快速化、动态化和协同化的智慧应急模式，提升社会应对重大危机事件的反应能力。

（二）数据赋能智慧应急的方式

数据赋能智慧应急该赋哪种能、以何种方式赋能以及该如何评估等问题已成为智慧应急实践有待回答的关键问题。随着信息技术深度嵌入应急管理过程，数据赋能对数据运用场景、技能方法和信息过程提出了进一步要求，可以说应急信息管理过程是数据赋能切实的手段。数据赋能智慧应急通过影响应急管理过程、助力应急管理创新，最终促成应急管理价值实现。

在应急管理全过程中，数据赋能改变应急管理信息链，提高应急管理信息服务精度；数据赋能面向应急决策，提升应急信息资源价值，实现应急管理中多源应急信息数据的融合运用，支撑多元主体应急情报资源共建共享；数据赋能"风险监测、决策应对、资源调配和恢复学习"等应用场景，重新构建数字化、平台化、精准化和智能化的重大突发事件应急信息管理的情报服务空间和治理场景。

在应急管理创新方面，数据赋能通过应急数据析取符合主体需求的知识和情报，满足应急管理多样化、场景化、差异化和个性化需求；数据赋能通过对海量应急信息综合提炼分析为应急决策和智慧应对提供情报支撑；数据赋能通过从多源异构的数据、信息、情报中挖掘隐性知识，支持科学应急决策及决策优化。

应急管理价值实现方面，数据赋能促进应急情报服务价值的共生、共享和共赢。在应急准备阶段，基于大数据的技术可深层次挖掘用户需求价值。在应急响应阶段，大数据技术可促进突发事件中诸多问题的有效解决，带来应急管理情报服务的价值涌现。在应急恢复阶段，通过应急评估、宣传科普和案例库构建等活动，促进应急管理参与主体共享应急情报，形成持续的价值外溢。

数据赋能智慧应急可以总结为三个层次：第一层价值体现在大数据为应急管理提供海量数据资源及存储技术；第二层价值是大数据为应急管理提供大数据技术方法与工具，包括对海量应急数据资源进行分析和利用的模型、算法、工具等，它们是可用于支持应急预警、应急协同和应急决策各个关键应急环节的技术工具；第三层价值表现为大数据为应急管理提供大数据思维模式，即把应急管理中的多源信息与海量数据纳入应急视野，侧重相关性的思考方式。大数据思维下的应急管理价值理念倒逼应急管理模式的变革，推动应急管理从原来的被动应急转为主动应急，从事后处置转为事前预防，从碎片化应急处置转为全过程应急管理，从单一"孤岛式"应急转为多元协同应急等。

（三）数据赋能智慧应急研究框架

数据在赋能应急管理中逐步呈现出"数据-场景"共驱、"数据-业务"融合以及社会意见参与的智慧应急典型特征。数据赋能智慧应急分析框架如图1-1所示。智慧应急离不开信息技术、组织形式和制度安排三方面的基础条件。智慧应急实践中的信息技术会对应急组织形式产生影响，应急制度安排也会根据现实情况不断调整，与应急组织形式互构，为数据驱动应急信息管理提供基础准备。智慧应急需要数据驱动和情报赋能，这是关于智慧应急的共性认识。数据驱动的应急信息管理表现为搭建数据基础设施，挖掘应急数据资源，拓展应急数据价值，服务于应急信息通报、应急信息传播以及社会诉求数据反馈互动，开发应急服务信息产品等。情报赋能即建立智慧应急决策体系，从体系层面强化多部门应急协调联动能力，提升应急环节智能化和应急流程一体化的能力，破解应急管理的痛难点，实现智慧应急的数据能力向治理效能的转化。

图 1-1 数据赋能智慧应急分析框架

笔者基于以上逻辑展开研究。首先，梳理数据赋能与智慧应急相关理论与实践。其次，基于数据赋能智慧应急的信息技术、组织形式和制度安排三方面的基础条件建立起"数据-决策一体化"治理模式框架。接着，从智慧应急产品和智慧应急过程两个维度剖析数据赋能过程。智慧应急产品方面即"压力情境下的智慧应急信息产品开发";智慧应急过程方面即应急管理内部(内-内)数据信息赋能(应急信息报告)、应急管理外部(内-外)数据信息赋能(应急信息传播),以及应急管理互动(外-内)数据信息赋能(应急信息互动)三个环节组成的闭环过程。最后,搭建起基于数据-决策框架、应急管理全流程的数据赋能智慧应急体系。

第二章 "数据-决策一体化"的数字政府治理模式

政府数字化建设是智慧应急得以实现的基础。只有政府将所拥有的数据能力转化为治理能力，即实现数字政府转型，智慧应急才有全面深入开展的可行性。当前我国数字政府建设已取得初步成效，为智慧应急提供了有力支撑。本章将围绕数字政府治理模式展开讨论，以成都市数字政府治理实践为例，通过对当前政府数字化变革实践的分析，探索智慧应急背后的组织支撑和制度支撑。

第一节 数字政府建设的目标取向

当前，我国数字政府建设正在快速推进，各地已经探索出了不同的路径，"最多跑一次""一网通办""一网统管"等创新使得"以人民为中心"的数字政府治理理念深入人心并快速扩散，政府公共服务效率得到极大提升。"数据-决策一体化"是数字政府建设的突出成就，也为智慧应急的实现奠定了基础。

一、数字政府建设研究综述

我国关于数字政府的探讨正在从技术视角、工具视角转向治理视角。如孟庆国和崔萌指出，数字政府治理强调的不仅是治理手段的数字转型，在其深层意义上也强调了政府存在方式的革新[①]；戴长征和鲍静认为，"数字政府治理"是一种全新的治理理念与治理方式，应增强数字协商治理能力，提升政府公共服务水平，推动民众参与治理[②]。不管是在理论界还是在实践领域，"用数据决策、用数据管理、用数据服务、用数据创新"的数字政府治理诉求已经成为共识。

那么，数字政府建设应当怎样开展？相关研究更多聚焦于政府机构改革问题。如刘淑春认为，数字政府强调以需求为导向的数字化变革推动政府理念革新、职能转变和体制机制重塑[③]。韩兆柱、马文娟指出，数字时代的治理研究并不局限于探讨政府治理方式，在更深层次上是探索政府机构改革和碎片化权责的重新整合、政府体制机制的系统优化和流程再造、政务服务全面数字化变革[④]。李松玉认为，数字时代的治理应从行政管理的角度，探讨政府运行的体制机制，分析如何实现政府的

[①] 孟庆国，崔萌.数字政府治理的伦理探寻——基于马克思政治哲学的视角[J].中国行政管理，2020(6)：51-56.

[②] 戴长征，鲍静.数字政府治理——基于社会形态演变进程的考察[J].中国行政管理，2017(9)：21-27.

[③] 刘淑春.数字政府战略意蕴、技术构架与路径设计——基于浙江改革的实践与探索[J].中国行政管理，2018(9)：37-45.

[④] 韩兆柱，马文娟.数字治理理论及其应用的探索[J].公共管理评论，2016(1)：92-109.

整体性、协同性和参与性,并从公共政策过程的角度,分析数字政府治理如何优化政策的议程设置、执行、评价和监督[①]。周志忍在为《构建虚拟政府》一书作的序中提到,忽略结构和制度的现代信息技术与传统治理方式的简单嫁接可能固化现有组织结构和工作流程,进而构成管理创新的障碍[②]。黄璜认为,"数字政府"要求政府在履职方式和治理手段等方面充分利用信息技术变革潜力以提升治理水平和治理能力,实现从"流程范式"到"数据范式"的技术应用逻辑转变[③]。

国际上,关于数字政府建设的探讨中,较多研究将组织深度重塑作为数字政府发展的高级阶段。如克利温克和詹森从组织变革的角度提出,以数字政府系统为基础的协同型政府建设经历烟囱式组织、整合化、全国性入口、组织间整合以及需求驱动的协同型政府五个发展阶段[④]。韦斯特认为,数字政府的发展经历了四个阶段——"公告板"阶段、部分服务供给阶段、系统服务的门户网站阶段、互动式民主阶段[⑤]。扬诺夫斯基提出,数字政府演进类似于文化和社会进步过程,包括数字化、

---

① 参见李齐,贾开,曹胜.数字治理时代公共管理学科的回应与发展——第三届数字政府治理学术研讨会会议综述[J].中国行政管理,2018(11):35-38.
② 芳汀.构建虚拟政府:信息技术与制度创新[M].邵国松,译.北京:中国人民大学出版社,2010:10.
③ 黄璜.数字政府:政策、特征与概念[J].治理研究,2020(3):6-15.
④ KLIEVINK B, JANSSEN M. Realizing joined-up government—dynamic capabilities and stage models for transformation[J]. Government information quarterly, 2009(2): 275-284.
⑤ 韦斯特.数字政府:技术与公共领域绩效[M].郑钟扬,译.北京:科学出版社,2011:11-15.

转型、参与、情境化四个演化阶段[①]。芳汀则认为,开发利用互联网的潜力需要对信息及决策进行跨政府组织整合,而这种整合从根本上影响了政治过程和决策过程[②]。

信息技术应用可以实现政府的平台化,并通过数据集聚提升政府治理能力,但这一过程既需要进行数据萃取的技术处理能力,更需要决策者通过新的组织传递机制深度利用经过萃取的数据,也就是说,数据能力向治理能力的转化严重依赖组织机制变革。那么,数字政府治理的组织传递机制应该是怎样的?对这一问题的回答需要以实践为基础,而此类研究目前鲜见。

二、"数据-决策一体化"的目标取向

智慧应急对数据非常依赖,对数字政府建设提出了更高要求,近年来从中央到地方对此也非常重视。2018年习近平总书记指出,要运用大数据提升国家治理现代化水平。要建立健全大数据辅助科学决策和社会治理的机制,推进政府管理和社会治理模式创新。我国各级政府在党中央领导下也加快了数字政府建设步伐。然而,技术进步虽然对政务服务的促进作用显著,但数据应用效率远低于数据生产效率,甚而出现"信息孤

---

① JANOWSKI T. Digital government evolution: from transformation to contextualization [J]. Government information quarterly, 2015 (3): 221-236.
② 芳汀. 构建虚拟政府:信息技术与制度创新 [M]. 邵国松, 译. 北京:中国人民大学出版社, 2010: 4.

岛"升级到"平台孤岛"的倾向[①]。

数据对政府治理的赋能需要通过组织、制度和技术机制的深入融合和深度变革才能实现,而这是当前数字政府治理必须克服的重点也是难点问题。自从2015年国务院印发《促进大数据发展行动纲要》,地方市级政府纷纷建立大数据管理机构以提升数据服务于地方治理的效率,其中一些地方政府更将大数据管理职能与其他多种职能整合,形成兼具协调能力、决策能力的新型组织,促成大数据价值的直接实现,其中以成都市2019年正式建立的成都市政务服务管理和网络理政办公室(以下简称网络理政办公室)为典型代表。这种新型组织是面向数字政府治理的"数据-决策一体化"机构,在近年的运转过程中初见成效。此类组织的创建对推动数据能力向治理能力的转变发挥了关键作用,也为智慧应急实践提供了有力支撑。

数字政府治理的"数据-决策一体化"模式具有以下特征:首先,基于扁平化的权力架构将大数据管理部门与其他职能部门整合重构,使大数据管理系统成为决策部门的"感知器官",实现需求驱动的治理;其次,利用大数据提升政府组织运作绩效,充分感知复杂多样的政府运作环境,并通过反馈控制形成决策优化闭环,切合政府治理的公共价值取向;最后,公民通过数字参与方式介入各项公共事务,增强政府治理逻辑

---

① 樊博,赵玉攀.当前"互联网+政务服务"存在的问题及对策研究[J].科技情报研究,2020(2): 13-19.

的可见性和提高决策过程的透明度。

第二节　案例选择与分析框架

下面，我们将以成都市为案例对象，探索数字政府治理"数据-决策一体化"模式在实现数据能力向治理能力转化中的具体效应及其实现途径。

一、案例概况

成都市 2015 年建立大数据管理局，自 2017 年开始探索"数据-决策一体化"建设，2019 年 1 月进一步深化机构改革，将市政府办公厅的政务服务、公共数据资源、电子政务管理职责，以及相关机构的行政审批制度改革职责等整合，组建市政务服务管理和网络理政办公室。这一机构是在权力架构扁平化基础上对政务服务运行机制、政民互动机制、政府决策机制等进行的重构，作为成都市的创新举措，也是数字政府治理探索的一个新尝试。"数据-决策一体化"模式目前已取得明显成效。

自从 2015 年国务院印发《促进大数据发展行动纲要》后，地方市级政府纷纷建立大数据管理机构，相关机构设置主要采取三种模式：独立设置大数据局，将大数据管理功能与政务服务机构整合成立新机构（政务服务与大数据管理局），在工业和信息化局等职能部门下设大数据管理部门。而成都市的网络理政办公室与原市政府办公厅具有一定的承继关系,且首次以"网络理政"称谓标识该机构的治理枢纽作用,职能进一步拓宽,具有鲜明特色。

成都市数字政府建设中枢机构的设置有助于实现"数据-决策一体化"。成都市将大数据管理、政务服务等职能与原市政府办公厅的决策职能整合一体,使得数据的决策支撑作用在组织机制上得到充分保障。事实上,成都市这一机构改革效应也已在实践中得到进一步放大,包括:形成了"11637"(1个网络理政中心、1个市政府门户网站、6大功能平台、3大技术平台、7项工作机制)网络理政框架;树立了"社会诉求'一键回应'、政务服务'一网通办'、城市治理'一网统管'"的鲜明政府形象;2019年成都市在"第十八届中国政府网站绩效评估"中获得省会城市政府网站评估第一名,并入围中国智慧城市"十强";2019年12月23日,李克强总理专门对成都市网络理政中心进行了现场考察,高度肯定成都市网络理政建设成果;2020年初疫情暴发后,成都市疫情防控指挥部即设立在政务服务管理和网络理政办公室的网络理政中心,在抗击疫情中发挥指挥"大脑"的关键作用,为及时掌握态势、协同调度、精准决策提供全方位的信息支撑;2021年,成都市推进智慧治理,"智慧蓉城"疫情防控平台正式上线使用;2022年,成都市建立健全常态化疫情防控机制,建成智慧蓉城疫情防控平台,实现快速精准溯源和厘清传播链条。

二、分析框架

"数据-决策一体化"数字政府建设模式能带来怎样的施政效果？这种效果如何发生？为回答这一系列问题，我们以简·芳汀的技术执行框架为理论基础，对成都市案例展开具体分析。

简·芳汀以虚拟政府为对象，从内嵌性和网络角色的角度来分析政府组织和政府制度，整合了治理研究、组织理论和社会学新制度主义研究以及信息技术与组织间关系研究三方面研究成果，提出了技术执行框架理论[1]。该理论区分了客观的技术和被执行的技术，将组织安排和制度安排视为一种内嵌性的中介因素干预了技术的执行。我们以成都市网络理政办公室这一机构改革实践为主要观察对象，基于技术执行框架理论分析这一改革实践对技术应用效果的影响。

根据技术执行框架理论，我们分三部分对该案例进行分析：第一，从技术、组织、制度三个维度分析成都市数字政府建设的条件准备；第二，观察与分析成都市数字政府治理的组织和制度建构如何对技术执行产生影响，探讨"数据-决策一体化"的实现路径；第三，观察与分析成都市数字政府治理"数据-决策一体化"模式的治理效应，分析数据服务于治理的全流程及主要环节，梳理数据能力向治理能力转化的路径（参见图2-1）。

---

[1] 芳汀.构建虚拟政府：信息技术与制度创新[M].邵国松，译.北京：中国人民大学出版社，2010：11.

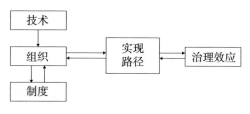

图 2-1 基于技术执行框架理论的分析框架①

第三节 "数据-决策一体化"的条件准备

本节将从技术、组织、制度三个维度分析成都市数字政府建设的条件准备。

一、技术维度

根据技术执行框架理论,技术在组织变革中扮演三个关键角色:公共管理和决策的工具、基础设施、组织变革的催化剂②。角色的多样性显示了其对组织变革的作用空间。成都市数字政府建设中以信息技术应用为契机实现了深度的组织整合及决策优化。

成都市数字政府治理的技术基础逐渐成熟。2017 年,成

---

① 芳汀. 构建虚拟政府:信息技术与制度创新 [M]. 邵国松,译. 北京:中国人民大学出版社,2010:11.
② 同上书:166-169.

都市实现了 B2G、R2G、S2G 三网融合，构筑了网络理政的基础设施；2018年，实现"云、网、端、数"（统一运营的政务云基础平台，互联互通的政务网络体系，集成应用服务的服务端，以及汇聚、共享、开放的政务大数据资源体系）四位一体，为公共管理和决策提供了可用、易用的信息工具；2019年开始，成都相继完成市级政务云平台搭建、天府市民云、网络理政企业版、天府蓉易办等，向上接入国家、省电子政务外网，向下接入各级部门终端网络，横向打通内外政务服务系统。从技术的连通到服务的联通，技术对于组织变化的催化剂功能一步步走向深入。成都市信息技术的快速迭代式发展为数字政府治理提供了技术条件保障。

二、组织维度

技术通过向组织赋能来实现其变革催化作用。信息技术带来的组织变革涉及两个方面：虚拟组织形成、组织间网络实体化。

虚拟组织是政府将技术作为一种组织安排的结果。成都市网络理政办公室搭建的全媒体、多功能、智慧化的网络理政平台即一种技术催生的"以治理决策为中心"的虚拟组织，包括：社会诉求平台、理政办公平台、行政审批服务平台、便民服务平台、综合行政执法平台、信息公开发布平台。网络理政平台既是政府部门间形成的网络，也是政府与社会的联系网络，它整合了主体、流程和项目，对数据及服务进行了虚拟重组,对信息和数据权力进行系统配置,而政府各部门将该平台作为单一切入点开展工作。网络理政平台的信息流动、决策过程以及对内对外治理活动依赖的是网络和信息系统而不是传统行政渠道,所以该平台是一个数字政府治理组织的虚拟形态,是技术变革催生的新型政府组织形态。

成都市网络理政办公室下设的网络理政中心则是以"用数据决策"为方向将组织间信息网络实体化的一种机构改革努力。成都市对该中心的定位是治理中心、服务中心、应急指挥中心。一方面,成都市规定各职能部门须派专人驻守网络理政中心;另一方面,网络理政办公室的组织来源之一是原市政府办公厅,本身具有议程准备、组织协调、决策服务、公文起草等职能,而这些职能整合入网络理政中心就决定了网络理政中心在政府决策中的特殊地位。同时,该中心整合了市委书记信箱、市长信箱、12345市长电话等信息输入源,甚至政民互动也成为该中心的职能之一。网络理政中心这种问政、理政合一的机制,使其成为由市委书记和市长直接指挥的数字政府战略设计和执行机构,其所追求的不仅是技术带来的效率提高,而且是更大的制度性影响。

三、制度维度

制度化能让组织结构趋于稳定并发挥预期的效用,使规则嵌入信息系统,将公务人员的传统主观责任转化为客观责任,促进数字政府治理目标高效达成。

如表 2-1 所示，成都市继 2017 年首次将网络理政写入《政府工作报告》，相关制度化过程也随着数字政府建设稳步推进，建立了包括诉求办理、办事服务、沟通互动、信息公开、数据分析、解读回应、评估考核等在内的七项工作制度。成都市数字政府治理相关的制度建设特点在于：为网络理政工作效率提供制度保障的基础上，侧重于信息权责的分配、参与、利用等相关制度的建设。成都市不但制定了政务服务"一网通办"、城市运行"一网统管"等制度要求，而且创新性地提出社会诉求"一键回应"，强化从数据到治理的制度联系。

表 2-1　成都市《政府工作报告》中关于网络理政的表述

年份	关键表述	技术支撑	组织创新	制度生产
2017	全面推进网络理政	B2G政企、R2G政民、S2G公共安全政府平台"三网融合"	全媒体多功能一体化网络理政系统	政务服务和协同办公的跨区域、跨层级、跨部门"一号审批、一窗处理、一网通办"
2018	大力推进网络理政	"云、网、端、数"四位一体政务云平台	市和区（市）县智慧治理中心、全市智慧城市运行中心	"一号申请、一窗受理、一网通办"；强化行政绩效考核，创新督查督办方式
2019	持续推进网络理政	网络理政"11637"架构体系	城市智慧治理中心	审批服务"马上办、网上办、就近办、一次办"；跨部门联合监管和"互联网+监管"
2020	网络理政纵深推进	数据大会战、智慧化应用系统、天府市民云、网络理政企业版	市网络理政中心	政务服务"一网通办"、城市运行"一网统管"、社会诉求"一键回应"
2021	做强城市智慧治理中心	完善平台设计，优化"天府市民云"功能，加大智慧交通建设应用	加大整合力度、打造专业营运队伍，推进成德眉资通办事项上"一网通办"、线下"四地可办"	提升"一网通办、一网统管、一键回应"水平，持续完善智慧城市运行服务体系

(续表)

年份	关键表述	技术支撑	组织创新	制度生产
2022	加快建设"智慧蓉城"	持续夯实数字底座体系，科学规划布局感知设施，推进千兆光纤网络覆盖拓展，优化政务云总体架构，提升算力、算法、数据和应用资源一体化协同支撑能力，构建灵敏快捷的感知预警体系	不断拓展"网络问政"等沟通渠道，全面建设数字法治政府，深入推进"互联网+"监管	建立完善市、区（市）县、镇（街道）三级协同联动的智慧治理架构和专业化指挥中心，建成"智慧蓉城"运行中心，切实加强数据安全保护

第四节 "数据-决策一体化"的实现路径

技术本身无法带来效益，需要通过用户感知和应用才能转化为能量。根据简·芳汀的理论，所谓被执行的技术，主要指用户对技术的理解以及技术在特殊情境中的设计和使用[①]。这是一种选择性注意的过程。不管是市民还是政府行动者，都会以主观的方式感知、定义和使用信息技术，而被执行的技术这一概念正是用来显示政府行动者的特性怎样影响对技术的设计、感知和使用[②]。成都市数字政府治理的"数据-决策一体化"模式同样以其特有路径影响着政府行动者对技术的应用，也影响着市民对数字政府的感知。成都市数字政府治理的组织建制作用于政府行动者和市民的感知层面，已然促进了水平化政府、

---

① 芳汀. 构建虚拟政府：信息技术与制度创新 [M]. 邵国松，译. 北京：中国人民大学出版社，2010：8.
② 同上书：79.

回应型政府、敏捷政府等政府形象认知的形成。

一、水平化政府

成都市数字政府治理的机构改革使得政府行动者对信息技术的应用更追求治理效率。技术的创新应用不但实现了政府扁平化，而且达成了政府水平化。政府扁平化主要指以政府体系内部行政层级减少和权力下移为核心的政府流程再造[①]。信息技术所带来的电子化信息流动使得大量管理中间环节被替代，使得扁平化政府成为其派生产物。数字政府的组织变革更可能因其权力系统的开放性、权力逻辑的改变而催生深层次扁平化，有学者称这种深层次扁平化为水平化[②]。

成都市网络理政办公室作为数字政府治理的主要承载机构，下设网络理政、政府服务管理、数据资源管理、电子政务、政府信息公开等部门。其机构设置有三个特点：第一，以网络理政概念将决策职能纳入其中，使得传统以命令为主的权力流向向以数据为依据、以透明和制约为特征的权力流向转变。第二，行政审批和政务服务进一步集中，并形成了新的理政逻辑。成都市网络理政办公室提出了"两集中、两到位"的理念。所谓两集中，是指行政审批部门将行政审批职能集中到

---

① 张孝德.建立内生服务型政府的系统工程[J].国家行政学院学报，2004(6)：26-29.
② 卡斯特.网络社会的崛起[M].夏铸九，王志弘，等，译.北京：社会科学文献出版社，2001：202.

一个内设机构，并将该内设机构向政务服务中心集中；两到位是指，机构将行政审批权向政务服务中心窗口授权到位，行政审批事项在政务服务中心办理到位。这些操作使得传统的制度化监督转变为标准化监督，部门化监督转变为项目化监督。第三，网络理政直接对接广泛的内外部数据资源。通过数据推送机制，各级政府负责人能够而且必须直接通过移动设备随时关注群众诉求数据，随时查看、审批诉求回应措施，而群众可以实时查看回应状态。这种对接本质上是通过一种开放机制与社会直接互动，也使得等级式监督转变为泛在化、社会化监督。

借由以上创新，成都市数字政府治理减少了管理层次、拓宽了管理幅度，而且促进了政府各层级的政务互动，以及政府与市场、社会之间的良性互动，进而构建了市民的"水平化政府"感知。

二、回应型政府

回应型政府指以公共治理为理念，以解决公共问题、社会问题为责任，具有自觉、稳定、可持续的回应性和回应机制，以及有效回应社会所需的回应力的治理模式[①]。成都市提出网络理政"基础在网、关键在理、核心为民"这一技术应用理念，基于社会诉求数据理政，通过网络等新型渠道与公众对话、互动，贯彻"以人民为中心"的价值核心。成都市以该价值核心

---

① 卢坤建.回应型政府：理论基础、内涵与特征[J].学术研究, 2009(7): 66-70.

统筹政府服务、数据资源管理、数据开放等职能，构建了一系列回应机制，在市民心目中建立了鲜明的回应型政府形象。

首先，构建"一键回应"机制。成都市政府以"群众打一个电话、写一封信就可以反映问题、解决问题"为目标，整合了全市2641个政府信箱，将81条非紧急救助类政府服务热线整合并入12345市长电话，这些信息通过网络理政平台即时分发给各层级相关职能部门，并强制推送至部门负责人终端，规定回应时限，"点对点"安排落实。这些措施已构筑了以数据为质量监控依据的政府回应完整链路。

其次，构建政民互动网络。除了成立网络理政中心作为汇集市民诉求的"总客服"，成都市网络理政办公室还开通了多重政民互动渠道，包括政府与普通市民互动的"网络理政·真情面对"、政府与专家互动的"网络理政·民生聚焦"、政府与企业互动的"网络理政·企业直通"等系列广播频道，"网络理政·社会评议""网络理政·回应关切"两个社会诉求解析新闻系列栏目，以及"网络理政·数据分析""网络理政·办理公开""网络理政·媒体关注"三个数据新闻栏目。政民互动包括一对一互动、一对多互动以及多对多互动。其他地方政府主要通过政务服务信息化促进一对一互动，而成都市通过对数据资源和应用工具的有机利用构建了一系列回应机制，促成了政民之间更多的一对多互动和多对多互动。

最后，集中开发社会诉求数据。建立社会诉求数据库是成都市的一个特色数据资源管理举措。基于该数据库，成都市网络理政中心进行大数据挖掘分析，及时发现市民反映的共性问题，研判政府管理的短板和政府服务的盲区，促成数据价值转化。这一数据库聚焦公民的期望和利益，成为公共诉求与决策中枢的数据纽带，建立了公民与政府之间的联结机制。

三、敏捷政府

公众对政府的认知很大程度上体现在其对政府政策制定效率的感知上。敏捷治理是一种以顾客为中心，具有适应性和包容性的政策制定过程；它承认政策的制定主体不仅是政府，还包含其他广泛的利益相关者[①]。英国政府数字服务小组较早采纳了敏捷治理的基本理念，成立了敏捷服务社区，为公民提供敏捷的在线服务[②]。政策是决策的主要输出形式，而成都市"数据-决策一体化"的组织架构也直接影响了政策制定过程，以其快速敏捷的政策生成使公众对政府产生"敏捷治理"新感知。

首先，数据驱动的弹性决策机制。第一，传统的市政府办公厅本身是一个具有弹性的组织设置，是城市决策中枢与其他职能机构连接的纽带。成都市将数据治理功能与市政府办公厅

---

① World Economic Forum. Agile governance: reimagining policy-making in the fourth industrial revolution[EB/OL].[2018-09-20]. http://www3.weforum.org/docs/WEF_Agile_Governance_Reimagining_Policy-making_4IR_report.pdf.
② 张晓，鲍静.数字政府即平台：英国政府数字化转型战略研究及其启示[J].中国行政管理，2018(3)：27-32.

功能集成,有助于决策者对不断变化的环境做出及时反应,采取更具弹性的运行机制,创造性地处理公共事务。第二,组织的动态能力构建需要以资源为基础,大数据资源是数字政府动态能力形成的核心资源。大数据资源已成为成都市网络理政中心动态能力构建的保障,不断驱动着市政府对社会变迁做出快速反应,形成适应性决策。疫情期间,成都市疫情防控指挥部即设立在网络理政办公室的网络理政中心,基于疫情数据变化灵活应对,快速出台了一系列抗疫政策,充分体现了这种数据驱动的弹性决策机制的优越性。第三,创新技术和服务的快速运用机制。将原市政府办公厅部分职能整合入网络理政办公室的做法使得新机构继承了原政府办公厅对政府各职能部门的协调能力,促进了创新技术运用于数字政府的实践,推动了线上线下服务渠道的融合。网络理政办公室成立后在数据融合、服务融合等方面出台了大量有效措施,体现了组织变革对创新技术运用的关键作用。

其次,构建"问政于民"的渠道。第一,政务服务从"政府端菜"转变为"市民点菜"。成都市网络理政办公室将对社会诉求数据的收集和处理作为网络理政的新引擎,挖掘公众对政务服务的新诉求,实现从面向常规服务到面向定制服务的拓展。第二,构建公民参与治理多重渠道。大数据和网络技术为民众参与公共治理打开新的渠道,也使得公众关注成为政府快速决策的新动力。而成都市构建的网络问政矩阵,通过开放的数据网络获取治理资源，赋予了民众服务需求者和治理者双重身份，促进了全民参与治理。第三，网络学习能力的形成。成都市通过高频率、高密度的数据分析和数据挖掘工作来获取新知识、新资源和新能力，提升决策者判断力，促进合作解决问题。同时，数据从分散获取到集中处理再分散到各职能部门的过程，也提升了各层级管理者的判断力、创造力和技能。

最后，彰显"以人民为中心"的政策过程。政策变迁过程实际上就是通过政策搜索和调整使决策层的主流理念与社会理念相一致的过程[①]。成都市"数据-决策一体化"的数字政府治理方式能够及时捕获社会理念，并以其为中心展开政策过程，已然实现了优化政策的议程设置、执行、评价和监督全过程的作用。第一，形成基于需求的政策问题。网络理政中心汇集来自公众的各种渠道数据、挖掘民众需求，并将其报送决策者，甚至直接在网络理政中心转化为政策建议，影响决策者政策议程设置，进而提升依据社会公众需求改善公共产品的生产速率和质量。第二，形成从诉求到应急管理制度的政策构建直通车。成都市每天的社会诉求数据都会直送市长和各区领导，每月的社会诉求数据分析报告都会上报市长办公会。如疫情防控期间，网络理政中心每天都根据平台的海量数据，研判市民反映的苗头性问题，及时报告疫情防控指挥部，直接促成了"出

---

① 赵德余.主流观念与政策变迁的政治经济学[M].上海：复旦大学出版社，2008：59.

租车运营补贴"等政策的出台。第三，通过全民讨论让广大民众共同参与公共政策制定过程。成都市政策在出台前期会借助网络理政平台的"民情12345""政事茶叙"系列专场活动等渠道进行充分的市民讨论，并挖掘市民和企业重复投诉的难点问题，组织开展基层第三方评议，使得政策与民众的行动更加匹配和协调。

第五节 "数据-决策一体化"的治理效应

一、"数据-决策一体化"对治理环境的深层优化

从理性的、政治的和社会的特征来看，数字政府治理的结果是不可预知的，也是富于变化的[①]。数字政府治理是基于技术的深层次改变，通过组织安排和制度安排的中介作用，新的信息技术得以执行，并带来不同的治理成果。而成都市的"数据-决策一体化"数字政府治理模式使信息技术执行过程成为水平化政府、回应型政府、敏捷政府等政府形象的塑造过程，不仅带来了效率的提升，更带来了治理生态的改变。

首先，社会信任深化。在缺乏信任的情况下，信息技术本身不能够促成合作或者创造社会资本[②]。而"数据-决策一体

---

① 芳汀.构建虚拟政府:信息技术与制度创新[M].邵国松，译.北京:中国人民大学出版社，2010:9.
② 同上书:68-69.

化"下的信息技术执行过程塑造了公众对政府的新感知,并使公众对地方政府决策者、治理能力、治理过程等产生的多重信任叠加:市民通过市长电话等渠道直接接触政府,相关渠道就具有了一定的符号价值——让公众看到决策者就在自己身边,可以接近,从而提升了公众对政民有效沟通的信心;公众以个体诉求、整体数据等形式参与决策过程,且决策过程高度透明、决策结果与社会诉求高度关联,这些都将增加公众对政府治理能力的信任;公民与政府的互动过程有状态追溯、形式追溯等多种方式可见可查,并直接生成绩效评价,强化了公众对政务服务过程的制度信任;治理过程中,公众通过网络理政平台与基层公务人员直接且反复接触、对话、互动,增进了公众对基层政府的信任。这样的多重信任叠加,能增强公众参与治理过程的信念。

其次,行动者行为更加协调。一旦行动者了解到相互交流在信息、认知和决策等方面的作用,行动者各方的行为就更易于达成一致。事实上,成都市"数据-决策一体化"间接促成政府内部以及政府与外部的协调一致,包括:网络理政中心打破职能边界,通过数据高效分发任务,建立清晰可见的决策逻辑,有助于政府内部各层级部门形成共识,步调一致,决策层与执行层之间的行动也会更加匹配和协调;决策一旦有了数据基础,通过多重政民互动,决策过程就会从"应对"向"预判"转变,而经过充分沟通的决策与公众预期更为一致,也将实现政府政策与社会公众行为的协调一致；同时，政策议题往往来自社会诉求，网络理政平台建立的多重沟通机制方便决策者与利益相关者反复沟通，因而制定的公共政策也能得到更多支持。"数据-决策一体化"数字政府治理模式通过政府内外部的动态连接，促进了多方的行动协调。

最后，治理参与新动力形成。数字政府不但有助于提升政府效率，而且会因其对透明度的提升和对公民信任的促进，而推动民主转型过程中的政治参与。数字政府治理的要义在于通过协作与激励机制的创新增强公众合作治理的积极性，将公众纳入社会协同治理的联合体当中[1]。成都"数据-决策一体化"的数字政府治理模式赋予公众主动参与的高效渠道，正是一种协作和激励机制的创新，有助于培育公众参与治理新动力。一方面，传统威权政府下的公众参与治理往往是一种防御性参与，而成都数字政府治理中社会诉求与公共政策的紧密相连将使公众意识到其积极参与治理的效能，并形成参与共识；另一方面，传统威权政府下的公众参与治理主要是基于经验的参与，而成都数字政府治理中社会诉求数据直达决策者使得治理决策能够聚焦公众的期望和利益，且公众有更多机会了解公共政策出台全过程，更可能因为协作、自治的需要而参与治理，而这种参与是一种出于责任的参与、出于对话的参与。从防御

---

[1] 孟庆国，崔萌．数字政府治理的伦理探寻——基于马克思政治哲学的视角 [J]. 中国行政管理，2020(6): 51-56.

性参与演变到共识性参与，从出于经验的参与演变为出于责任、出于对话的参与，公众治理参与新动力的形成将创造更多的公共价值和共同利益。

二、数据赋能治理的数据服务链

成都市数字政府治理模式所带来的治理生态改变，既是需求驱动、"以人民为中心"理念贯彻的结果，也是因为明确了数据服务于治理的逻辑链条，使得其对治理能力的促进也更加直接。

我们把成都市数字政府治理中数据服务于治理的过程理解为一条长链，这条长链包括数据汇集、数据导流、数据增值、数据约束、数据融合、数据萃取、数据赋能七个环节。在成都市数字政府治理过程中，每一个数据处理环节都会有与治理相关的产出，包括需求感知、任务配置、政务服务、服务监管、问题识别、网络理政、政民互动等，体现了"数据-决策一体化"的数据治理特色（见图2-2）。其中，数据汇集是政府对治理需求的感知过程，成都市政府相关典型举措包括开设实现12345"一号通"、构建社会诉求数据库，并集成政府部门负责人信箱等。数据导流是根据数据进行政务服务任务配置的过程，成都市政府的典型举措是"一号通"与"一网办"整合，将社会诉求信息实时推送给相关部门决策者（数据推送工作流），并建立问题解决追溯系统。数据增值是基于数据高效率

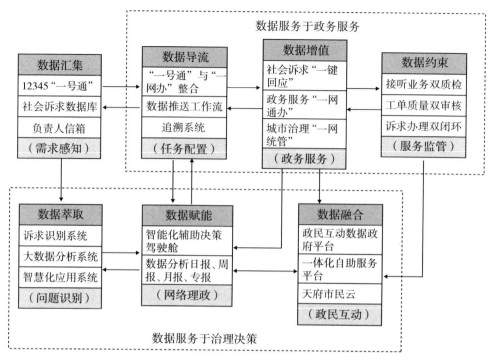

图 2-2 数字政府治理数据服务链

提供政务服务、实现数据价值转换的过程,成都市政府的典型操作是社会诉求"一键回应"、政务服务"一网通办"、城市治理"一网统管"。数据约束是利用数据对政务服务进行监管的过程。成都市通过接听业务双质检、工单质量双审核、诉求办理双闭环等实现数据约束过程。数据融合是将线上和线下数据融合管理,服务于政民互动。成都市通过搭建政民互动数据政府平台、一体化自助服务平台,以及上线天府市民云来完成这一目标。数据赋能则是从数据中得出决策依据,服务于网络理政过程。成都市通过构建智能化辅助决策驾驶舱,向决策者递送数据分析日报、周报、月报、专报的方式辅助治理决策。数据萃取是通过深度数据描述和分析，识别有待解决的问题。成都市通过搭建诉求识别系统、大数据分析系统和开发一系列智慧化应用系统来实现数据萃取。

总的来看，成都市数字政府治理的数据服务链有两个相互关联的路径，一个是数据对政务服务的促进，另一个是数据对政府决策的促进。正因为成都市数字政府治理通过"数据-决策一体化"操作兼顾了这两条路径，从双向进路提升治理能力，既更好地实现了技术的效用，又构建了政治、行政之间的新型互动模式。

三、"数据-决策一体化"的效应机理

通过对成都市政府数字政府治理实践的研究，我们发现"数据-决策一体化"数字政府模式的效应机理主要体现为以下几点：

第一，"数据-决策一体化"数字政府治理模式通过改变政府行动者和公众的政府治理认知来促成信息技术价值转换，并起到改善治理生态的积极作用。如成都市以"云、网、数、端"集成为技术基础、以"数据-决策一体化"为组织特征、以"一网通办、一网统管、一键回应"为制度规则，通过达成水平化政府、回应型政府、敏捷政府的技术应用感知，使得公众对政府治理能力信任增强、行动协调、参与积极（见图2-3）。

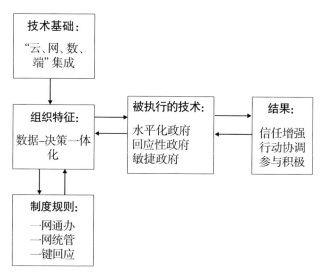

图 2-3 "数据-决策一体化"模式的技术执行效应模型

第二,"数据-决策一体化"的数字政府治理模式形成了清晰的数据服务链,实现了组织、制度逻辑与技术逻辑的匹配,使得数据能力向治理能力的转化更为高效。数据服务链的清晰化一方面实现了高水平的集约政府,促使治理主体之间的关系更为紧密;另一方面也使得政府渐趋成为"由外而内"的信息融通者,增强了组织的灵活性,有助于政府突破传统的组织惯性,对公众需求更加敏感,能够适应环境改变并及时调整相应政策和措施。

第三,"数据-决策一体化"是在"互联网+政务服务"基础上的进化,实现了以治理为中心的新型数字政府治理思路。治理决策不仅需要数据存量来支撑,更需要对需求的实时感知,需要与动态数据连接,其中包括来自社会诉求的实时数据，也包括对政务服务数据的适时掌握。"数据-决策一体化"模式因为同时实现了两方面连接，能够从"数据服务于政务服务""数据服务于治理决策"双进路推动数据能力向治理能力的转化，进而有助于推动国家治理能力现代化，并具有可推广性。

四、"数据-决策一体化"的智慧应急支撑作用

"数据-决策一体化"数字政府治理模式对智慧应急的实现将起到重要支撑作用。

第一，面向"数据-决策一体化"的数字政府建设实际上也落实了智慧应急的顶层设计。数字政府是国家治理现代化的重要构成部分，也为政府各项职能升级提供了技术条件、组织条件和制度条件，同时是智慧应急得以实现的重要保障。"数据-决策一体化"的数字政府建设通过"云、网、数、端"将人、事、物全面纳入信息过程，使各级政府均成为智慧应急体系的构成节点，促进公共危机事件发生时整体动员、整体指挥、整体行动的实现，并能够快速生成应急情报、展开应急情景分析，保证了应急过程的协同联动和科学决策。

第二，"数据-决策一体化"的数字政府治理为应急数据汇聚和协同奠定了基础。应急管理的关键是应急事件爆发时的快速决断和科学决断，而在社会高度信息化的今天，无处不在的数据为快速决断和科学决断提供了可能性和可行性，因而数据驱动成为智慧应急的发展取向。"数据-决策一体化"的数字政府治理在构建数据平台和数字化转型基础上，进一步实现组织机制和技术机制的良性互动，破除了应急数据汇聚的障碍，实现了数据汇聚的常态化、持续化、稳定化，使数据真正成为应急情景刻画的宝贵资源。

第三，"数据-决策一体化"的数字政府建设推动了智慧应急的快速响应机制的形成。"数据-决策一体化"数字政府治理统筹了政务服务、数据资源管理、数据开放等职能，构建政民互动网络，使得数据驱动政府回应成为可能，并通过对回应机制的监管和评价，使快速响应机制定型，甚至达到"一键回应"的效果。这些成效有助于提升各级政府部门应急反应的速度、快速处置的能力以及快速决策的魄力，使得智慧应急的快速响应机制自然成形。

第四，"数据-决策一体化"的数字政府建设打通了数据驱动智慧应急的关键环节。实现数据驱动智慧应急既要解决数据联通的"管道"问题、数据分析的"面"的问题，更要解决责任无序的"人"的问题。"数据-决策一体化"数字政府治理赋予网络理政类部门统筹应对的权限，打破了传统的部门利益屏障，使得数据开放和共享成为常态，让数据发挥牵引作用，解决了"决策无依据""管控无工具""应急主体碎片化"等应急管理核心难题，为数据驱动智慧应急的实现扫清了关键障碍。

第三章　压力情境下的智慧应急信息产品开发

近年来,伴随着数字技术的高速发展,应急信息产品的类型不断丰富,涌现出了诸如智慧应急信息产品等新型应急信息产品。特别是在突发事件塑造的压力情境下,我国快速开发产生了一系列智慧应急信息产品。这类智慧应急信息产品具有研发周期较短、产品扩散速度较快的特点,能满足压力情境下信息用户新的信息需求,成为对传统的应急信息产品的重要补充。

第一节　智慧应急信息产品的理论与实践

一、信息产品的概念界定

智慧应急信息产品是一种特殊的信息产品。要了解智慧应急信息产品的内涵,首先要厘清信息产品的概念。目前学界对于信息产品的理解,总结起来主要有以下几种观点:第一种观点强调信息产品是由信息构成,以信息资源作为产品的核心要素。黄璜认为,信息产品是指完全由信息本身构成的产品,比如政策公文、市场情况等[①]。汪蓉认为，信息产品是指以信息资源为核心要素，以数字化形态表现的经济提供物[②]。第二种观点强调信息产品提供信息服务。马费成和裴雷认为信息产品是以传播信息为目的的服务性产品[③]。姚江和封冰认为信息产品是能够提供信息服务或者通过网络系统交互信息的电子产品[④]。张宇和唐小我还将信息产品区分为信息服务和信息商品[⑤]。第三种观点强调信息产品是以知识形态存在的产品。张帆和刘新梅认为信息产品是以信息为核心资源和生产要素的，以知识形态存在的人类劳动成果[⑥]。第四种观点强调信息产品是满足信息用户需求的产品。许永哲和陈惠珠认为信息产品是生产者根据信息消费需求，整序或重组信息资源而形成的一种精神劳动产品[⑦]。

综合以上关于信息产品的几种观点，本书认为，信息产品是信息服务者为了满足信息用户的信息需求和解决实际问题，通过对信息资源进行加工利用，以知识形态向信息用户提供信息服务的载体。

---

① 黄璜.从信息产品特性论政府信息公开[J].情报杂志,2007(9):43-45+50.
② 汪蓉.信息产品供应链合作关系协调问题研究[D].上海:上海交通大学,2008.
③ 马费成,裴雷.信息资源共享及其效率分析[J].情报科学,2004(3):1-9.
④ 姚江,封冰.体验视角下老年人信息产品的界面交互设计研究[J].包装工程,2015(2):67-71.
⑤ 张宇,唐小我.在线信息产品定价策略综述[J].管理学报,2006(2):239-246+252.
⑥ 张帆,刘新梅.网络产品、信息产品、知识产品和数字产品的特征比较分析[J].科技管理究,2007(8):250-253.
⑦ 许永哲,陈惠珠.试论信息商品的特殊性及其质量尺度[J].现代情报,2001(3):23-25.

二、智慧应急信息产品的内涵

信息产品的种类繁多，智慧应急信息产品是其中一种特殊的信息产品。信息属性的不同决定了信息服务内在的不同[①]，根据信息资源的类别，信息产品可划分为公共信息产品、健康信息产品、图书馆信息产品、应急信息产品等多种类型。就智慧应急信息产品的内涵而言，其产品承载的应急信息是一种非常规信息[②]，特别是在智慧应急理念指导下收集的监测预警信息。因此，本书在信息产品定义的基础上，将智慧应急信息产品视为应急信息服务机构在智慧应急理念的指引下，根据应急管理者、公众等信息用户特定的信息需求，运用人工智能、物联网、云计算等新一代信息技术对应急管理活动中的各种信息资源进行收集、加工、整理而成的知识形态类产品。与其他信息产品相比，智慧应急信息产品具有信息需求复杂、时效性强、产品推广速度快等特点。

三、智慧应急信息产品的实践表现

信息产品的表现形式多样，包括系统集成产品、数据库、搜索引擎、软件、现代化咨询产品等。根据智慧应急理念下信息管理的特点，本书认为，智慧应急信息产品大致可以分为以

[①] 齐虹.信息服务原理研究[J].档案学通讯，2004(4)：57-60.
[②] 姚乐野，胡康林.2000—2016年国外突发事件的应急信息管理研究进展[J].图书情报工作，2016(23)：6-15.

下三种类型。

第一种类型是智慧应急信息系统集成产品。智慧应急离不开智能感知、智能分析和智能处理，而智慧应急信息系统集成产品则涵盖了智能感知、智能分析和智能处理等功能。这类产品主要是指智慧应急信息服务提供者向应急管理者提供的由网络、硬件设备和软件等构成的完整的信息系统。从产品的专业化角度来看，这类智慧应急信息产品又可分为综合性智慧应急信息平台和专业化智慧应急信息平台两类。前者包括国家应急产品信息综合服务平台、政府智慧应急管理综合应用系统等；后者包括面向应急管理具体流程和具体行业开发的智慧应急信息系统，例如智慧应急信息系统、智慧应急决策系统、智慧应急预测预警系统、智慧应急保障系统、智慧应急值守系统等。

第二种类型是智慧应急信息数据库。智慧应急主张全量、实时、全覆盖汇聚多个部门的历史数据和实时感知数据[1]，因此智慧应急的信息数据库也是智慧应急信息产品的重要类型之一。这种类型的信息数据库主要包括与突发事件有关的基础信息、历史信息、实时信息等数据库系统。例如，各类应急事件的基础数据库、突发事件数据库、应急监测数据库、应急预案和应急资源数据库等。这种类型的智慧应急信息数据库是应急决策者进行决策的重要依据，同时也可以向公众开放，为公众

---

① 陶振.迈向智慧应急：组织愿景、运作过程与发展路径[J].广西社会科学，2022(6)：120-129.

提供信息查询等服务。

第三种类型是智慧应急信息应用程序。该类信息产品主要是面向公众提供的有关突发事件的电子信息应用程序，具体的表现形式有与应急事件密切相关的各类电子新闻，以及网络平台提供的以 APP、小程序、公众号和各大网站相关版块为载体的应用服务。

四、压力情境下产生的智慧应急信息产品形式

根据不同的划分方法，智慧应急信息产品可划分为不同的产品类型。根据产品生产时所处的情境不同，我们将智慧应急信息产品划分为常态下开发的智慧应急信息产品和非常态下开发的智慧应急信息产品两类。在非常态情境下开发的智慧应急信息产品即压力情境下开发的智慧应急信息产品。

智慧应急信息系统集成产品、智慧应急信息数据库这两类信息产品，由于开发成本较高、研发周期较长，无法在突发事件发生后、非常态的压力情境下快速开发出来。但是，智慧应急信息应用程序这类体量较小、研发难度较小的信息产品，研发成本较低、开发周期较短，更有可能在突发事件发生后的短时间内开发出来。特别是那些搭载在发展已经相对成熟的各大网站和应用平台上的应用程序，能够在很短的时间内开发形成智慧应急信息产品。因此，本书认为，非常态下产生的智慧应急信息产品主要是指智慧应急信息应用程序。

一般而言，不同类别的智慧应急信息产品具有各自不同的特点：小程序的研发周期较短，开发成本较低，是轻量级的应急信息产品；微信公众号等信息产品虽然也具备研发周期短、产品开发成本低的特点，但是限于其功能较为单一，更适合作为信息发布平台使用；而大型信息平台上搭载的应急信息版块，则因为其有大型信息平台既有资源作为支撑，产品开发周期最短，比较适合在突发事件发生后的紧急情况下快速开发使用。

第二节 压力情境、数据流动与信息需求

一般而言，信息服务需求是信息产品开发的动力来源，但是就压力情境下产生的智慧应急信息产品而言，其开发的生成机理和常态下开发的信息产品又有所不同。为此，我们有必要对压力情境、应急数据流动过程和智慧应急信息需求进行分析。

一、突发事件塑造的压力情境

我国《突发事件应对法》将应急管理分为预防与应急准备、监测与预警、应急处置与救援、事后恢复与重建四个阶段，每个阶段采取的应对措施各有不同。其中，在应急处置与救援阶段，应急管理者为了应对突发事件，会采取一项或者多项应急处置措施，包括救助、控制、保障和保护措施等。然而，如果突发事件持续时间较长，应急管理者可能会面临采取

的应急处置措施与原有治理目标之间存在张力的困境，而这种困境给应急管理者带来了巨大的压力。有鉴于此，本书认为，压力情境是指在突发事件发生后，应急管理者在应急与处置阶段采取的应急处置措施与原有治理目标之间产生了冲突，从而给应急管理者带来了压力的状态。

二、应急数据流动过程

智慧应急信息产品的核心是应急信息，而应急数据是组成应急信息的基础，因此我们从应急数据的流动过程来考察智慧应急信息产品生产的过程。政治经济学家马克斯·H.布瓦索提出了经典的信息空间理论，这是一个理解社会系统内知识和信息的生产和交换的概念框架，为我们理解智慧应急信息产品的产生提供了一种新的途径。数据场是信息处理代理人赖以生存的充满信息的空间，由编码、抽象、扩散共同构成。不断重复的编码、抽象和扩散的新行动触发了数据流动[1]。布瓦索提出的信息空间包括认知空间、效用空间和文化空间。

第一，认知空间。认知空间是由编码和抽象构成的空间，编码的主要任务是对感觉数据进行分类，而抽象的任务则是生成概念。该空间主要分析的是处理和存储应急数据的过程，对应急数据进行分类和概念化，以便于后续应急信息服务活动的开展。

---

[1] 布瓦索.信息空间：认识组织、制度和文化的一种框架[M].王寅通，译.上海：上海译文出版社，2000：8+126+232.

第二，效用空间。该空间使得信息的传播性与其抽象程度相关联。信息在扩散和抽象的过程中，受到原有的信息分配情况、信息拥有者的社会力量两方面的影响，而这两方面又分别体现为信息结构和信息制度，并对信息的传播性和抽象程度起到稳定的作用[①]。就应急数据而言，其传播性与其抽象程度有密切联系，可通过形塑信息结构、完善信息制度来稳定应急数据的传播性与抽象程度之间的关系，使得信息效用可控。

第三，文化空间。该空间表达的是编码和扩散二者之间的关系：编码的同时也能促进扩散。文化空间表现为不同的知识。新知识在社会协同中的流动性最强，会对接受者原有的期待造成最大的改变，也会经历传达自己意义的困难。这启示我们在分析应急信息产品生成机理时，要注意应急数据的编码活动，促进知识的流动和扩散。

在信息空间理论的基础上，我们可以将智慧应急信息产品的生产过程描述为在编码、抽象、扩散三维数据场中应急决策知识的生产、扩散和利用过程。

三、智慧应急信息需求

应急信息管理的信息服务对象众多，主要包括政府应急决策者、应急指挥中心、相关职能部门、应急专业机构人员和公

---

① 布瓦索.信息空间：认识组织、制度和文化的一种框架[M].王寅通,译.上海：上海译文出版社,2001：126.

众等主体①，而这些主体也是应急信息产品的用户。一般而言，对于信息用户的信息服务需求分析可从应急阶段、决策主体、决策目标等多个角度展开②。本书在生命周期理论的基础上，结合应急管理的阶段划分，对应急信息服务主体的信息需求进行梳理。根据我国《突发事件应对法》，突发事件应急管理分为预防与应急准备、监测与预警、应急处置与救援、事后恢复与重建四个阶段，每个阶段的应急信息服务需求具体如下：

第一，预防与应急准备阶段。在这一阶段，应急决策者、应急指挥中心、相关职能部门、应急专业机构人员等信息用户对于智慧应急信息产品的诉求主要在于智能化地预测和预防突发事件的发生。因此，该阶段应注重与突发事件相关的社会经济状况、自然地理等综合数据的收集整理，做好应急信息资源的预防和准备工作。

第二，监测与预警阶段。在这一阶段，应急信息服务的需求集中体现在对突发事件的监测和预警方面，包括对环境和突发事件关键要素的监测。这一阶段的信息用户需求包括对自然、经济、社会、政治等孕灾环境的智能化分析评估，通过对各类风险源实时、动态的风险监测预警来获取精准化的灾情评估。

---

① 杨灵芝，丁敬达.论城市突发事件的应急信息管理[J].情报科学，2009(3)：351-355.
② 雷志梅，王延章，裘江南，等.突发事件应急信息的多维度需求分析[J].情报科学，2014(12)：133-137.

第三，应急处置与救援阶段。突发事件一旦发生，应急管理就进入了应急处置与救援阶段。应急决策者、应急指挥中心、相关职能部门、应急专业机构人员、公众等信息用户面对的是危机蔓延和恶化的处境。其中，应急决策者、应急指挥中心、相关职能部门、应急专业机构人员等信息用户的需求主要集中于控制突发事件发展态势和突发事件的智能化应急处置上。特别是在智慧应急理念下，应急决策者要从有限信息的经验式决策转变为基于大数据研判的科学化决策，所以这类信息用户对于突发事件的应急处置进展、现场感知信息等信息需求大量增加。在这一阶段，公众对于突发事件的发展态势、应急处置措施等信息需求也在短时间内剧增。总体而言，在应急处置与救援阶段，智慧应急理念下信息用户的信息需求体现出信息需求量巨大，信息需求复杂，信息需求的时效性、全面性和动态性要求较高等特点。

第四，事后恢复与重建阶段。突发事件应急管理进入这一阶段，应急管理活动的目标就主要落在了对突发事件受灾人员的安置和善后处置上。该阶段信息用户的信息需求主要是评估、总结和归纳突发事件活动中的相关信息，同时产生相应的信息产品，为未来的突发事件应急应对提供宝贵的案例借鉴和经验参考。

第三节 分析框架

下面我们将从内外两个方面来分析压力情境下促使智慧应急信息产品生成的要素,并探讨这些要素如何推动智慧应急信息产品的开发。总体而言,压力情境下智慧应急信息产品的生成机理包括内部衍生机制和外部催生机制。其中,内部衍生机制主要描述了智慧应急信息产品各个要素的变化及它们之间关系的变化过程,该机制的核心要素包括数据要素、需求要素和技术要素。外部催生机制则是指压力情境下外部催生要素对智慧应急信息产品的催生过程,外部催生要素主要包括科技创新政策、信息资源共享、已有的信息基础等(见图3-1)。

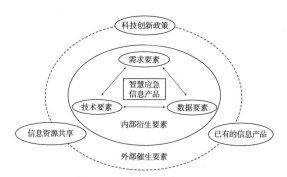

图 3-1 智慧应急信息产品生成要素关系示意图

一、内部衍生机制

压力情境下智慧应急信息产品开发的内部衍生机制包括两个方面:一个方面是数据要素、需求要素和技术要素三个内部衍生要素的变化，另一方面则是三个要素之间关系的演变。

数据要素是压力情境下智慧应急信息产品生成的重要内部衍生要素。在压力情境下，伴随着突发事件的爆发，大量与突发事件有关的应急数据也相应产生。而对这些应急数据进行识别、归类和运用则是智慧信息产品的主要功能。识别、采集、归类和运用应急数据，使其发挥数据价值是促成应急数据流动的应有之义。大数据流动的生命周期可分为多个阶段，包括采集、组织与存储、传播与流动、使用与服务、迁移与销毁等，其中数据使用与服务阶段是指用户通过服务商提供的服务接口和终端，对异地采集和存储的数据进行有效利用的过程[①]。应急管理大数据的数据利用和服务也就是智慧应急信息产品产生的过程。突发事件塑造了压力情境，而同时产生的大量应急数据受到压力情境的驱动，在编码、抽象、扩散后，原先无序和无意义的应急数据可以应用到应急信息管理中，进而促使智慧应急信息产品快速产生，这是压力情境下应急数据流动的路径。

需求要素主要是指压力情境下应急决策者、应急指挥中心、相关职能部门、应急专业机构人员和公众等信息用户的信息服务需求。压力情境一般产生于应急处置与救援阶段。这时，应急管理者需要控制突发事件的发展态势，还要开展应急

---

① 朱光,丰米宁,刘硕.大数据流动的安全风险识别与应对策略研究——基于信息生命周期的视角[J].图书馆学研究,2017(9):84-90.

救援工作；应急决策者、应急指挥中心、相关职能部门等不仅要对突发事件态势进行控制和应急处置，还要兼顾公众等其他信息用户的特殊信息需求。可见，压力情境下的信息需求具有时间紧迫性和复杂多样的特征。这样的信息服务需求超越了常态下开发的应急信息产品的应用范围，从信息用户的需求侧出发，推动着面向信息用户需求的智慧应急信息产品的快速开发与使用。

技术要素也是压力情境下智慧应急信息产品生成的内部衍生要素之一。本书所称技术要素主要指分析和应用应急信息的信息技术。突发事件压力情境是一种时间紧迫、需求复杂的极端情境，而在这样极端的情境下要控制突发事件的发展态势，完成处置与救援等多重目标和任务，就离不开以信息技术为代表的技术要素的支撑。大数据等技术的应用可实现海量、多维数据的收集、存储与分析，从而实现复杂多样的数据流动和云服务[1]；网络通信技术的应用将数据存储模式从孤立模式变为连通模式，从静态存储模式变为动态利用模式，从低效使用模式变为高效共享模式[2]。近年来快速发展的大数据、云服务、物联网等技术，在压力情境下为智慧应急信息产品的快速产生提供了重要的技术支撑。

---

[1] ZHANG X, LIU C, NEPAL S, et al. A hybrid approach for scalable sub-tree anonymization over big data using mapreduce on cloud[J].Journal of computer and system sciences, 2014(5): 1008-1020.

[2] 粟湘，郑建明，吴沛.信息生命周期管理研究[J].情报科学，2006(5): 691-696.

智慧应急信息产品的产生离不开构成信息产品的数据要素、需求要素和技术要素的支持。但是需要注意的是，在压力情境下，这三种要素呈现出与常态不同的特征。短时间内大量产生的应急数据、时间紧迫且复杂多样的信息需求、日新月异的信息技术是压力情境下催生智慧应急信息产品的内部衍生要素，这些要素之间是紧密联系的，而在压力情境下的联系更加紧密。应急数据和信息技术为压力情境下智慧应急信息产品的开发提供了数据和技术基础；在信息技术的支撑下，信息需求也驱动应急数据进一步加快流动，从而在压力情境下快速催生智慧应急信息产品。

二、外部催生机制

外部催生机制主要是指外部发展要素共同催化下智慧应急信息产品的产生过程，而外部发展要素主要包括科技创新政策、信息资源共享、已有的信息产品等方面。

压力情境下，应急决策者为了应对突发事件会采取应急救援与处置措施，但是部分措施与政府原有的治理目标相悖，因此应急决策者为了平衡多个治理目标，出台了多项鼓励科技创新的政策，这就为智慧应急信息产品的快速开发提供了政策支持。近年来，伴随着政府、企业、社会组织等各类主体的信息资源数据壁垒被破除，应急信息资源共享程度不断提高，这也为压力情境下智慧应急信息产品的快速生成提供了必要的信息资源基础。此外，常态下产生的大量应急信息产品不断发展成熟，为压力情境下智慧应急信息产品的快速开发提供了重要的研发平台和产品基础。

三、生成机理分析框架

本书构建了由内部衍生机制和外部催生机制构成的压力情境下智慧应急信息产品生成机理分析框架，如图3-2所示。

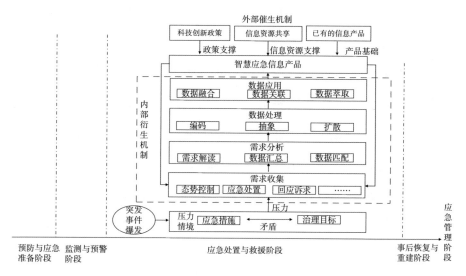

图3-2 压力情境下智慧应急信息产品生成机理示意图

在突发事件爆发后，应急管理活动进入应急处置与救援阶段。应急管理者为了控制突发事件发展态势而采取相应的应急措施，但是有些应急措施与政府原有的经济发展、社会运行等治理目标存在矛盾，从而给应急管理者带来了压力，形成了突发事件的压力情境。

内部衍生机制由需求要素、数据要素和技术要素共同塑造而成。从需求要素来看，主要体现为应急管理者在突发事件爆发后面临的多样化信息需求，包括为了实现态势控制、应急处置及回应公众诉求等而产生的信息需求。从技术要素来看，包括需求分析、数据分析、数据整理和数据应用在内的一系列数据处理技术为数据要素和信息要素提供了必要的支撑。而数据要素则是指应急数据的流转过程，应急数据通过信息空间的编码、抽象和扩散的数据流动过程，在技术要素支撑下生成智慧应急信息产品。

外部催生机制则是由科技创新政策、信息资源共享、已有的信息产品等外部发展要素共同塑造。压力情境下有关鼓励科技创新的政策措施为智慧应急信息产品的快速产生提供了政策支撑；政府和社会信息资源共享程度较高，这也为智慧应急信息产品能在短时间内产生奠定了必不可少的信息资源基础；已有的发展成熟的信息产品则作为产品基础，为智慧应急信息产品生产提供基础支撑。

第四节　压力情境下智慧应急信息产品开发案例分析

本节运用压力情境下智慧应急信息产品的分析框架，以健康码作为案例来探讨压力情境下智慧应急信息产品开发的内外部机制。

一、健康码：压力情境下产生的智慧应急信息产品

2020年初暴发的新冠疫情是我国近年来发生的较大规模的突发公共卫生事件。为了应对和处置这场突发公共卫生危机，应急决策者采取了人员管控等疫情防控管控措施。随着疫情得到有效控制，2020年3月起，我国大部分地区的地方政府面临着疫情防控和复工复产双重治理目标的冲突。在新冠疫情塑造的压力情境下，健康码作为一种信息化工具，有效化解了疫情防控和复工复产的双重治理目标的冲突。

健康码是一个可以搭载在智能手机客户端（如微信或支付宝）上的小程序，个人可以实名认证并填报健康状况。客户端通过与收集到的漫游轨迹、密切接触人员等相关数据进行比对，可以动态、精准地管理人员信息[1]。它是电子身份证与健康信息相结合的二维码，通过"绿码、红码、黄码"三种颜色的健康码对人员进行动态管理，运用于企业复工复产、居民返程核验、公共场所出入等场景[2]。

健康码的产生速度较快。深圳市政务服务数据管理局推出的"深i您"小程序、浙江宁波的"甬行码"、浙江杭州余杭的健康码都在2天之内完成了原型开发[3]。2020年2月9日，深

---

[1] 史晨,马亮.协同治理、技术创新与智慧防疫——基于"健康码"的案例研究[J].党政研究，2020(4)：107-116.

[2] 胡逸.疫情过后，健康码何去何从[N].新华日报，2020-03-06(8).

[3] 史晨,钟灿涛,耿曙.创新导入的接力赛——健康码案例中的初创企业、平台企业和地方政府[J].科学学研究，2021(1)：161-169.

圳市实行居民进出小区需要申领微信小程序"深i您"健康码的规定,是全国首个疫情防控期间凭"码"出行的城市[①]。2020年2月21日杭州市推出"杭州健康码",2月29日国家政务服务平台推出"防疫健康信息码"。健康码在全国各地的名称略有不同,比如广东的粤康码、山西的山西健康码、上海的随申码、福建的八闽健康码、黑龙江的龙江健康码等,这些健康码产品为应急管理者疫情防控决策等环节提供了重要的信息服务。由于健康码是在新冠疫情暴发后短时间内研发出来的,是为了平衡应急管理者的疫情防控需求和复工复产双重治理目标而产生的,是在压力情境下产生的一种智慧应急信息产品。

二、健康码产生的内部衍生机制

（一）基础数据和健康数据快速流动的载体

健康码的产生是建立在基础数据和健康数据的基础上的。基础数据包括人口信息库、基础的地理数据等。这些基础信息具有完整性、准确性和系统性的特征。健康数据主要来源于公民登记,因为全国范围内没有建立完整的健康数据库,也没有统一的数据收集渠道和应用系统。应急期间严重依赖及时的、动态的健康数据,健康码其实是基础数据和健康数据流动的载体。

健康码的生成过程是个人基础数据和健康数据编码、抽象、扩散的过程。生产是对数据转化的过程,交换是社会系统

---

① 王庆德.G2C变革下对健康码的分析和思考[J].中国经贸导刊,2020(17):146-147.

中数据扩散和积累的先决条件[①]。从编码角度来说，无论是杭州的三色码还是吉林的四色码，都对个人基础数据和健康数据进行了编码。从抽象角度来说，健康码在编码的基础上，对每种颜色进行抽象，建立健康码颜色与人员流动限制的相关性，比如在杭州，健康码显示绿码则可以通行，显示红码则要实施14天的集中或居家隔离，显示黄码则需要进行7天以内的集中或居家隔离，并在连续申报健康打卡不超过7天之后转为绿码。

健康码是在基础数据和健康数据的基础上，结合应用场景而研发出来的，其作为一种应急产品具有很强的操作性而得到广泛扩散。健康码推出后短短七天在全国范围内得到推广应用，实现了在各种场景下对各类问题的收集、反馈和疏解。同时，依托全国一体化政务服务平台，健康码也建立了跨省份互认机制，各省市的健康码实现了数据互通互信，实现了数据的扩散。

（二）应急管理者信息需求的驱动

新冠疫情在2020年初扩散到全国，全国各地都采取了多种措施进行疫情防控，并在春节假期后尽力实现复工复产。这时，除了个别地区，全国普遍面临"流动治理"的两难困境，即如何在疫情防控的同时平衡正常的人员流动和复工复产。减少人员流动与复工复产所要求的正常的人员流动这两种治理目

---

① 布瓦索.信息空间：认识组织、制度和文化的一种框架[M].王寅通，译.上海：上海译文出版社，2000：42.

标之间的矛盾塑造了压力情境。健康码的信息服务对象包括政府部门、基层组织、企业、公民等，其中，政府部门是主要的信息服务对象。政府部门在压力情境下产生了上述两种截然不同的信息需求，而健康码的产生正是顺应了政府部门在疫情防控塑造的压力情境下复杂多样且矛盾的信息需求。

（三）大数据、区块链、手机实名制等技术要素的衍生结果

健康码的产生离不开大数据、区块链、手机实名制等信息技术的支撑，这些技术要素为健康码的快速生成提供了必要的技术基础，因此健康码的产生也是这些技术要素的衍生结果。大数据的应用使得手机上健康码填报的信息可以进行多数据库校验，通过数据比对之后做出"通行"或者"隔离"等判断。区块链技术可以实现健康码多源数据之间的信息共享和信息验证，这样就使健康码显示的结果具有了可信度。手机实名制技术也是健康码生成的必要技术要素之一。运用手机实名制技术采集的个人身份信息，与个人健康数据共同构成疫情防控数据集。系统后台制定数据分析规则，通过数据比对等方式识别出高危人群[①]。为了保障技术要素作用的正常发挥，国家出台了《个人健康信息码 数据格式》，浙江省出台了《传染病防控 人员健康码管理规范》《疫情风险评估五色地图管理规范》，深圳市出台了《防疫通行码参考架构与技术指南》等相关的技术标准，规定了健康码的设计、开发、使用和维护等环节的技术标

---

① 王庆德.G2C变革下对健康码的分析和思考[J].中国经贸导刊,2020(17):146-147.

准和技术要求，确保健康码的技术要素发挥作用。

三、健康码产生的外部催生机制

（一）科技创新的催生

健康码的产生离不开鼓励科技创新以实现精准防控目标的一系列政策。2020年2月4日，中央网络安全和信息化委员会办公室公布《关于做好个人信息保护利用大数据支撑联防联控工作的通知》，鼓励在注意保护个人信息的同时，利用大数据分析预测重点人群的流动情况，为联防联控提供大数据支持。随后，多地的地方政府与企业合作开发了承载着个人基础信息和健康信息的健康码，这是在保护个人隐私和利用大数据进行联防联控的基础上进行的产品创新。在健康码处于快速发展并在全国推广应用的时期，国务院于2020年2月24日公布《关于依法科学精准做好新冠肺炎疫情防控工作的通知》，鼓励实行动态健康认证，鼓励有条件的地区推广个人健康码等信息平台，不具备信息化条件的地区可采用个人健康申报等方式，居民通过网络平台申领电子健康码或通过社区申领纸质版健康码（健康通行卡），获得出行、复工等资格。政府有关部门、用人单位、社区等综合判断个人健康风险等级，实现特殊时期动态健康认证。诸如此类的政策文件为健康码的产生与发展成熟提供了必要的政策支撑。

（二）已有信息产品的催生

健康码是搭载在微信、支付宝等市场上发展较为成熟的信息产品上的小程序。支撑微信、支付宝等信息产品的是腾讯、阿里巴巴等数字技术公司，它们具有强大的数据分析能力和技术力量。这些企业基于数字技术的优势可顺应应急管理者的需求，快速研发生产出健康码这类应急信息服务产品。而微信、支付宝等信息产品经过多年的发展，积累了众多的信息用户，所以在其上搭载健康码能够实现较快推广。

（三）互通互享的信息资源的催生

近年来，政府、企业等多主体之间的信息资源共享程度逐步提升，这也在很大程度上催生了健康码。健康码需要整合来自政府、企业、社会等多方主体的信息资源，不仅包括公安、人口、交通等方面的基础数据，还包括重点人员信息、核酸和血清抗体监测结果、行程信息等多种具有行业属性的信息。在抗击疫情的极端压力情境下，个人基本信息、行程信息、健康信息等多种信息资源能在短时间内迅速共享，与近年来多主体之间信息资源共享程度的大幅提高密切相关。信息资源共享程度提升带来了信息资源共享理念、机制和方法上的更新，为健康码涉及的多种信息资源在短时间内完成共享提供了土壤和契机。

第四章　数据赋能的应急信息报告机制

有效的信息沟通机制能为突发事件决策者和政策执行者提供专业信息支持和社会舆情反馈,以便其快速、准确做出应急决策和处置。近年来突发事件频发,国内学者从传播学、情报学和公共管理等多种视角分析突发事件应急信息管理中的信息不对称、信息不充分和信息不准确问题。但当前学术研究主要关注突发事件"由内往外"的信息公开和"由外到外"的信息传播等外部信息沟通环节,鲜少关注信息报告这一公共部门内部信息沟通环节。此次新冠疫情中出现的信息报告失灵问题及其危害表明,有必要对该问题展开深入研究,补充突发事件"由内到内"信息报告环节的研究,并探索新技术条件下通过数据赋能解决应急信息报告失灵的问题。

第一节　应急信息报告

一、应急信息报告概述

（一）应急信息报告相关概念

报告制度是我国的一项重要制度安排、工作机制和组织纪律。2019年，习近平总书记在中央和国家机关党的建设工作会议上强调"凡是重大问题、重要事项、重要工作进展情况，都必须按规定及时请示报告党中央"。《中国共产党重大事项请示报告条例》也规定组织和个人严格贯彻请示报告的明确要求和具体内容，建立健全重大事项请示报告工作督察机制、考评机制、纠错机制和责任追究机制。信息报告是指信息（或情报）的传递，良好的报告需要满足迅速、有效、客观及准确等要求，否则所搜集、传递的消息只能属于数据（data）而不能称为信息（information），更不能作为决策应对的知识（knowledge）和情报（intelligence）。

应急信息是指与应急管理有关的、能够为利益相关者的应急决策和行动提供支持的信息，包括应急管理活动中事件、人员、技术和基础设施等全部信息要素。对于应急信息报告的概念目前学界尚存在分歧，存在广义和狭义之分。广义的应急信息报告包含公共部门内部的信息报告和公共部门对外的信息公开。狭义的应急信息报告指横向区域间或部门间传递应急信息的过程。本书结合研究范围和信息流向，将应急信息报告定义为在突发事件相关公共部门内部，有关信息主体将突发事件相关情况告知其他主体的信息传递过程，包括纵向的应急信息上报和横向的应急信息通报。在突发事件应急过程中，收集整理、分析研判和传递报告信息的活动是应急管理的重要环节，直接影响应急管理的决策与应对，甚至是整体成效。突发事件应急决策与应对能否从经验走向理性，一定程度上取决于突发事件信息的供给，而突发事件应急信息报告就是决定应急信息供给的重要机制，是解决应急管理中信息不对称、信息不完全和信息不准确问题的重要方式，是连接应急信息内容和应急信息需求的关键纽带，是促进应急信息充分流动和价值实现的关键途径。

（二）应急信息报告类型

对应急信息报告进行类型划分可以帮助我们更加清楚地了解信息报告的内容要求和过程阶段。根据不同标准，可以将突发事件应急信息报告划分为不同类型。

从时间维度看，应急信息报告可分为初报、续报和终报。初报指的是获取突发事件相关信息后首次报告。续报是指在初次报告后，根据事件发展势态，持续报告突发事件最新进展信息。在初报和续报过程中，还存在着核报，即核实突发事件确切信息后报告。终报则是突发事件应急响应终止后，对整个突发事件应对过程进行回顾、总结的报告，又称为结报。不同阶段对主体的信息报告的内容要求也有所不同，具体如表4-1所示。

表4-1 信息报告的阶段、内容及要求

报告阶段	报告内容	报告要求
初报	报告单位、报告人、信息来源、接报时间，以及突发事件发生的时间、地点、类别和简要情况等	时效性
续报	突发事件的基本情况、应急响应情况、事件发展趋势和建议等	连续性
终报	报送正式文件并附全部附件：突发事件情况、应急报告情况、应急处置情况、善后处置情况等	全面性

应急信息报告也可以分为纵向的信息上报和横向的信息通报。纵向信息上报指信息主体依照法律法规，向上级部门逐级或越级报告突发事件相关信息。纵向信息上报需要详细报告包括突发事件基本情况、起因性质、发展过程、影响范围、事件后果、未来趋势、应对处置以及进一步工作计划等内容。横向信息通报指信息主体依照法律法规或既定协议，向同级行政部门、相邻行政区域分享突发事件相关信息。横向信息通报主要通过指挥部会议、联席会议、定期会商和联络员等通报机制实现，可以进一步划分为部门间、军地间、区域间和国际信息通报等类型。

二、应急信息报告框架

应急信息管理分析框架包括信息输入、信息处理、信息输出三个阶段，对应信息收集、信息研判和信息报告三种信息活动[①]。信息报告是公共部门内部主要的信息传递方式，应急信息报告较一般的信息传递具有特定方向和重要价值。从流程角度看，应急信息报告是在突发事件应急管理过程中，信息报告主体收集、分析研判和报告突发事件相关信息的过程（见图4-1）。信息收集保证突发事件信息能进入应急信息管理系统；信息分析研判则是通过准确分析信息内容来提取有价值的应急情报；信息报告主要确保信息可以及时准确地被传达到所

---

① 钟开斌.突发事件应对中的信息管理：一个基本分析框架[J].社会科学文摘,2020(3):5-7.

需主体。"信息收集—信息分析研判—信息报告"构成了信息报告的循环圈，贯穿突发事件应急管理全过程[①]。

图 4-1　突发事件信息报告流程

无论是不同信息报告类型，还是信息报告的不同阶段，都离不开特定的突发事件应急信息报告体系和机制。

我国突发事件应急信息报告体系既包括从基层组织，通过各级应急管理部门的层层传递，最后抵达中央的纵向上报体系，也包括从本级应急管理部门向本级人民政府及其相关部门、本地应急管理部门向其他地区应急管理部门的信息共享的横向通报体系（见图 4-2）。

应急信息报告机制就是依托公共部门行政组织结构，以信息报告系统为载体，通过信息报告渠道，实现突发事件信息传递报告的程序。我国应急信息报告机制主要由组织内部信息报告机制、跨组织信息报告机制、信息报告技术系统及法律制度规范组成。

---

① 薛新,梁玉民,姜文国,等.疫情信息报告管理与实践[M].北京:军事医学科学出版社, 2007：8-14.

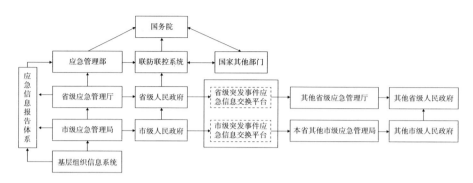

图 4-2　我国应急信息报告体系

（一）组织内部信息报告机制

应急信息报告主体是各层级相关组织，主要为基层组织、专业机构、行政主管部门和各级政府，以及具有信息报告职责的单位、个人及受委托的第三方机构等。组织内部信息报告机制是单个组织依据本组织的职能任务和相关法律法规对其信息报告工作的具体要求，在本组织内部及时、准确、全面地报告和传递信息。组织内部信息报告机制一方面是为了满足本组织的信息需求，另一方面，也是配合上级部门的工作需要。有的组织为了规范组织内部的信息报告活动，会出台信息报告相关具体流程和操作规范。应急信息组织内部报告需要借助相应的信息系统平台，同时受法律法规和组织规范的保障和制约。

（二）跨组织信息报告机制

跨组织信息报告机制是各信息报告主体基于一定渠道向组织外的上级或同级主体报告信息的活动形式与运行程序，既包括纵向体系中从下往上历经多个部门的层层信息上报，也包括横向的从一个部门到另一个部门、一个地区到另一个地区的信息通报。纵向信息报告的流向是从有关单位、个人和第三方机构向基层组织和专业机构，到行政主管部门，再到所属人民政府和上级主管部门。主体位置、信息资源掌握程度以及信息需求共同作用形成了突发事件应急信息跨组织报告机制。

（三）信息报告技术系统

信息报告技术系统是应急信息报告的重要基础，是应急信息报告的载体和平台，包括信息监测系统、信息收集系统、信息处理系统、信息预警系统、信息直报系统和信息反馈系统等。不同信息报告主体内部或是组织之间也存在各类的信息报告系统，如基层组织、专业结构、行政部门和地方政府自建的信息系统、内网工作系统和信息交换平台等，这些都是应急信息报告的重要技术支撑。

（四）法律制度规范

应急信息报告是一种行政过程，所以离不开法律制度的规范保障。突发事件应急处置"一案三制"的基础框架也将应急信息报告工作置于重要位置。相关法律制度规范的内容主要包括：构建应急信息报告的组织体系，明确信息报告的主体职责；规范应急信息报告的运行机制，落实信息报告的过程要求；提供宏观规划、财政支持和惩罚约束等应急信息报告的条件支撑，保障应急信息报告运行效果。

第二节　应急信息报告失灵

一、应急信息报告失灵的研究基础

（一）应急信息报告影响因素研究

尽管我国已经在应急信息报告机制上做了诸多努力和尝试，但应急信息报告工作却始终饱受诟病。例如，在经历2002年"非典"和2013年H7N9重大突发公共卫生事件后我国多次进行法律法规的修订，建立了网络直报系统和监督系统，但迟报、漏报、谎报和瞒报现象仍屡见不鲜，已经构成了突发事件应急信息管理中的一个"大问题"，需要对其进行专门的研究。应急信息报告失灵一方面指信息报告主体没有或缺乏突发事件相关信息，另一方面也意味着信息报告主体缺失整合突发事件信息碎片的能力[1]。造成应急信息报告失灵的因素包括风险情景、组织机制和主体能力动机等核心因素，它们会导致"信息鸿沟"的出现，制约突发事件的应急信息报告成效。

公共部门内部信息报告依靠等级权威来实现由下至上的纵向信息传递，具有方向性[2]。当前有关应急信息报告影响因素的研究发现，主体因素、文化因素、制度因素、技术因素等多种

---

[1] 王家峰.论应急响应失灵：一个理想类型的分析框架[J].南京师大学报(社会科学版),2022(2):130-138.
[2] 钟开斌.危机决策：一个基于信息流的分析框架[J].江苏社会科学,2008(4):126-131.

因素会对应急信息报告产生影响。有研究认为，信息报告主体主观滤波、通道阻塞及传递噪音会造成信息报告失真[①]；在信息报告服务于应急决策的过程中，主体认知偏差、信息系统缺陷和"情报文化"会影响"应急信息"转化为"应急情报"[②]。有研究认为，委托代理、自利动机、官僚结构、技术工具和文化观念是造成政府内部信息不对称的重要因素[③]；也有学者将社会分工、有限理性、委托代理和监督成本分别归纳为信息不对称的根本原因、主观原因、制度原因和客观原因[④]；还有学者将政府层级间信息传递影响因素分为主观维度的利益诱因和客观维度的层级制度、激励机制以及外部环境[⑤]。个体忽视、侥幸、避责、遮丑和利益心态会促使报告主体在信息报告时采取策略性行为[⑥]；治理体系中的相关制度，如信息事权配置，也为地方政府的信息瞒报提供解释机制[⑦]。

（二）应急信息报告失灵的治理研究

应急信息报告失灵造成的数据失实、信息失真和情报失察严重影响对突发事件的决策、处置和评估，不利于政策整合和

---

① 曹胜.政府信息失真对政府权能的影响及其对策探析[J].中国行政管理，2009(7)：18-21.
② 李纲，李阳.关于突发事件情报失察的若干探讨[J].情报理论与实践，2015(7)：1-6.
③ 缪国书.政务信息不对称的成因、后果及治理措施[J].行政论坛，2002(5)：15-17.
④ 邓湘树.试论公共行政组织中信息不对称的原因[J].理论月刊，2002(7)：41-42.
⑤ 龙国智.我国政府层级间信息传递的失真现象研究[J].南昌大学学报(人文社会科学版)，2013(2)：60-65.
⑥ 詹承豫.少数干部瞒报的心态、表现及治理之策[J].人民论坛，2021(20)：50-53.
⑦ 何艳玲，吕慧敏.仁圣之本，在乎制度：公共危机中的地方瞒报与信息事权重构[J].行政论坛，2022(4)：29-37.

资源配置能力的提升。文化、法制、监督和技术等手段可以减少信息报告中的不对称现象。相关学者认为，从组织架构、主体素养、执行机制和技术系统方面努力能减少信息报告失灵的不利影响[①]。一些学者专门针对特定治理策略展开研究，包括：缩短委托-代理链条，压缩信息报告层级，建立多元信息报告渠道和主体协调联动机制[②]；把握突发公共事件应急过程中"集权与分权"的平衡点进行信息报告法规设计[③]，规制信息权力[④]；理顺信息传递过程，重构信息事权[⑤]；建立科学准确和高效敏捷的信息输入、处理和输出机制[⑥]，借助技术手段建立透明全面和高效敏捷的信息采集、处理和交流系统[⑦]。

（三）应急信息报告治理失效困境

面对应急信息报告的应然要求与实然现状之间的巨大张力，现有研究和应急实践从制度和技术两方面进行了多种尝试。制度方面，如颁布和修订法律规章，完善制度设计缺陷，

---

① 毛劲歌,周莹.信息失真对公共政策执行的影响及其对策分析[J].中国行政管理,2011(6):68-71.
② 丁煌,杨代福.政策执行过程中降低信息不对称的策略探讨[J].中国行政管理,2010(12):104-107.
③ 张雪娇.我国突发公共卫生事件信息传递制度的问题识别和完善路径[J].重庆大学学报(社会科学版),2021(1):1-17.
④ 江国华,沈翀.论突发公共卫生事件中的信息权力及法律规制[J].湖北社会科学,2020(11):136-142.
⑤ 何艳玲,吕慧敏.仁圣之本,在乎制度：公共危机中的地方瞒报与信息事权重构[J].行政论坛,2022(4):29-37.
⑥ 钟开斌.突发事件应对中的信息管理：一个基本分析框架[J].社会科学文摘,2020(3):5-7.
⑦ 钟开斌.危机决策：一个基于信息流的分析框架[J].江苏社会科学,2008(4):126-131.

严肃问责机制，零容忍信息迟报、漏报和谎报；技术方面，加强应急机构信息化建设，建立各种信息报告系统，搭建区域信息交换平台。但应急信息报告在制度和技术上也面临着失效困境。

首先是技术失效。技术工具的理想化应用一方面可以缩短信息传递链条以提高信息报告效率；另一方面也可以提高上级监督能力，压缩信息报告主体谋取个人或团体利益的空间。以突发公共卫生事件为例，"非典"之后，我国建立了全球最大规模的突发公共卫生事件网络直报系统，将信息报告的平均时间从5天缩短为4个小时。但在现实场景中，依靠技术建立起的网络直报系统在新冠疫情暴发近一个月后才被正式启用，而且在新冠疫情中，作为技术工具的网络直报系统仅仅扮演了信息通道的角色。究其原因，技术工具发挥效用离不开技术使用者的支持，对传递信息的真实性和准确性做出理性判断和选择的权力还是掌握在技术工具使用者的手上，技术系统只可能在信息传递的效率方面发挥作用[1]。

其次是制度失效。应急信息报告制度的功能性作用表现在可以通过构建信息报告激励结构来预防、克服和矫正信息报告主体的机会主义行为。但正如贝克所说，以科学和法律制度建

---

[1] 姚金伟.克服现代治理困境中"信息不对称性"难题的路径选择——兼论有效应对疫情防控阻击战中的信息不对称性[J].公共管理与政策评论,2020(6):85-96.

立起来的风险度量方法的崩溃是风险社会的基本特征[①]。我国的应急信息报告的法规设计在结构、内容和衔接方面都存在漏洞[②]。在结构方面,应急信息报告法规体系结构分散,条款间协调性差。在内容方面,相关法规侧重于规范已知确定性突发事件的信息报告,对于突发未知风险信息报告的内容要么较少提及,要么表述模糊。在衔接层面,特殊法和普遍法、新法与旧法之间欠缺衔接性和协调性,造成了应急信息报告规定难以落地。另外,应急信息报告中最典型的制度工具就是问责制。问责制是一种以上级追究下级信息报告过失责任的法治化手段来矫正突发事件信息报告失灵行为的制度。但是,问责制过于严苛的责任追究压力会将信息报告主体逼到策略性行为的博弈空间,而且问责制作为一种事后纠偏机制,威慑作用有限,不足以消解信息报告主体事前事中的信息报告策略性动机和行为。

从应急信息报告技术失效和制度失效的治理困境中可以发现,技术工具的使用和制度框架的规制有着各自合理的触发逻辑,但现实运行遭遇的阻力证明其实际作用有限:技术治理能解决信息迟报、漏报,但不能干预权力运作;制度治理可以规范信息报告职责和要求,但无法规避权力运作下的策略性信息报告行为。技术治理失效和制度约束乏力体现了理论构想环节

[①] 何博闻. 乌尔里希·贝克:《风险社会》[J]. 中国学术,2000(3):3.
[②] 张雪娇. 我国突发公共卫生事件信息传递制度的问题识别和完善路径[J]. 重庆大学学报(社会科学版),2021(1):1-17.

的完美设计与实际运行环节的有限效果之间存在着差距,即技术工具支配和制度框架授权在现实情景中存在一定程度错位。

二、应急信息报告失灵生成路径

(一)分析框架:权力操纵下的契约运行

应急信息报告理论上是一种理性契约,但在应急实际工作中却常常被权力操纵。为进一步激活技术工具和制度规则的作用,我们认为有必要从失效的根本原因,深入探究应急信息报告失灵的生成路径,进而提出应急信息报告失灵的深层次治理策略。

1. 应急信息报告契约运行

无论在国家治理还是社会治理中,契约运行强调"委托-代理"的契约结构和"激励-约束"的契约功能。应急信息报告契约运行由特定的体制框架承载,一方面强调对应信息报告组织结构的激励约束,另一方面重视应急信息报告的过程规范和功能实现。

(1)组织结构:"委托-代理"契约结构。各级人民政府和应急管理部门虽然拥有科层结构赋予它们的组织权力,但它们并不是无条件地拥有支配信息资源的权力。各级人民政府、应急管理主管部门按照依法行政原则、依托"委托-代理"关系来实现应急信息资源的获取与传递。上级信息报告主体以委托者的身份要求下级信息报告代理者实现信息报告绩效。下级代理者在可受托的条件下要求上级委托者给予其某些应急信息报告所必要的分权和相匹配的资源，应急信息报告体系就是由此建立的契约结构。我国应急信息报告体系是一个包含信息收集、处理和应用全过程的、封闭的科层系统，一旦突发事件即将爆发或已经爆发，应急信息沿着"基层组织—专业机构—应急管理主管部门—人民政府"的信息报告链在规定上报时限内逐级传递。理论上，只要应急信息报告上级委托者与下级代理者形成了"委托-代理"契约运行关系，应急信息报告的效率、责任、价值实现等就都有了刚性约束。

（2）行政考核："激励-约束"契约功能。《突发事件应对法》《国家突发公共事件总体应急预案》《"十四五"国家应急体系规划》等规范了我国突发公共事件应急信息报告机制。2003年"非典"之后，行政考核及行政问责成为我国突发事件信息报告的重要治理工具，考核问责修正了"权责不对称"，将权力的行使限制在科学规范的轨道内，减少了行政失误，提高了政府效能[①]。应急管理的考核与问责将上级信息主体与下级信息报告主体直接连接：上级以行政考核制约下级，下级向上级履责，上级通过行政考核倒逼下级完成应急信息报告工作，促使应急信息报告工作服务于应急管理目标，即以效能为奖惩依据倒逼下级履行信息报告责任。上级的行政考核对下级形成"纵向挤压"，同级主体间存在的竞争机制对信息报告主体产生

---

① 宋艳玲,夏飞朋.权力制约：中国问责制的形成与演变[J].学术交流,2021(9):19-29+191.

"横向挤压",来自纵向和横向的压力压缩了应急信息报告主体操纵信息报告的行为空间。因此,理论上,一旦规范的信息报告运作程序与公正的信息报告制度要求形成之后,下级代理主体就失去了滥用权力和实施策略性行为的机会,信息报告主体必须充分履约,最大限度地完成信息报告的工作。但是,绩效压力过大也会成为策略行为的诱发动机。

2.应急信息报告权力操纵

应急信息报告权力操纵主要指信息报告的中间主体在信息加工过程中,对上级信息主体、下级信息主体和信息技术系统实施控制、对抗和干预活动来实现自身利益的信息报告行为。信息报告主体主要通过影响应急信息报告系统、应急信息报告体系、应急信息报告内容和应急信息报告方式进行权力操纵。

(1)应急信息报告系统:注意力分配导致的信息干预。信息报告系统是国家耗时耗资巨大建设的信息化设备。虽然信息报告系统基本覆盖了全国各级各类突发事件应急管理机构,但一些基层、偏远地区并未被纳入其中。在信息报告系统建设之初,由于缺乏有关的技术人才和与之配套的宣传培训,各信息报告主体在进行信息报告时,对信息报告系统具有消极的回避心理,仍然依赖传统的信息报告渠道。在组织的内部,部署信息报告系统对于个别单位和个人来说会增加工作负担,因此,他们会产生抵触和排斥信息报告系统的心理和行为,从而导致运用信息报告系统进行应急信息报告的效果难尽如人意。在实际情况中，由于缺少有力的约束和有效的监督，信息报告主体及其相关人员对信息报告系统分配的注意力不够，不愿使用信息报告系统，形成了信息报告技术系统得到的重视程度不高、在应急信息报告体系中嵌入深度不足的现实困境。

（2）应急信息报告体系：组织权力赋予的信息控制。在应急信息报告体系中，上级主管部门虽然较下级信息报告基层组织离应急信息源头更远，但其掌握着对基层信息报告主体的行政主管权，主管部门凭借这种行政层级优势和组织权力控制着信息报告闸门。主管部门相关责任人在汇总下级主体呈报的信息时，会过滤部分信息，而个体信息处理能力和主观动机都会影响这种过滤行为。在应急信息报告过程中，信息报告主体利用组织权力来对应急信息报告的事件和内容进行操作和控制，完成通过组织权力控制应急信息报告体系的权力操纵行为。

（3）应急信息报告内容：资源优势催生的信息对抗。下级信息报告主体凭借在信息报告链条中的距离优势掌握着较上级主体更多的应急信息资源，并基于信息资源优势实施信息报告的策略性行为，来对抗上级主体对其的考核与问责。主要方式包括对信息资源进行主动性扭曲、选择性过滤，甚至彻底隐藏等；在应急信息报告过程中上报对自己有利的信息内容。上级主体囿于信息不对称和监管成本等现实因素，缺少对下级信息报告主体的有效监管。也就是说，信息报告主体将个人/部门的意志和利益凌驾于信息报告的职责要求之上，甚至对抗上级主体的组织权威,这就形成了"信息资源绑架组织权力"的局面。

(4)应急信息报告方式:话语艺术带来的信息转移。应急信息报告的话语艺术指应急信息报告主体报告信息时所使用的语言艺术,它的权力操纵特征体现在信息报告主体控制着应急信息报告的内容重点和目标选择。信息报告主体通常基于主观价值取向和利益得失来判断信息报告的内容和方式,如美化其在应急信息报告过程中的不作为和错误作为,导致应急信息传递到下一信息报告主体时,偏离突发事件的实际情形。这是应急信息报告主体运用话语艺术来回避上级主体对其的考核和问责,实现对应急信息报告方式的操纵。

(二)生成路径

综合来看,突发事件应急信息报告失灵生成路径如图4-3所示。在未知风险爆发即将生成突发事件时,在"委托-代理"契约结构下,应急信息触发应急信息报告过程。应急信息报告的契约结构和契约功能,都将在应急信息报告系统和应急信息报告体系中得以体现。对应急信息报告失灵生成路径的讨论也主要从这两方面展开。

应急信息报告系统是应急信息报告的载体和平台,是实现应急信息报告的重要技术保障。应急信息报告系统失灵可能存在客观和主观两方面的原因:客观方面是信息系统建设不足和系统对接不畅等原因造成信息报告系统的割裂,进而导致信息报告失灵；主观方面是应急信息报告主体主观故意，导致应急信息报告系统成为"摆设"、不能发挥作用的技术失灵现象。

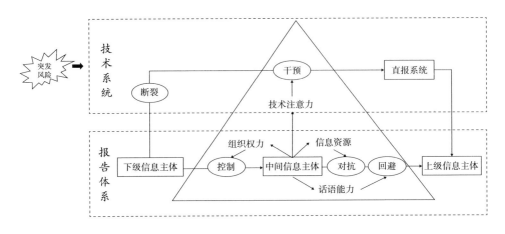

图 4-3　应急信息报告失灵的生成路径

应急信息报告体系包含应急信息报告组织结构及其对应的信息传递机制。应急信息沿着"基层组织—专业机构—主管部门—人民政府"链条在上报期限内逐级传递。应急信息报告过程包含信息采集、信息加工和信息应用三个具体环节。所有应急信息报告主体和应急信息报告过程组成了应急信息报告体系。应急信息报告体系失灵大都源于应急信息报告主体的权力操纵，如通过组织权力来控制应急信息报告的时机和内容，通过应急信息资源占有来对抗上级主体对其的要求、考核与问责。

无论是应急信息报告系统领域的信息报告失灵还是信息报告体系发生的信息报告失灵，都是应急信息报告契约主体权力操纵下的契约失灵。应急信息报告主体通过控制应急信息报告系统的注意力、运作科层体系中的组织权力、垄断应急信息资源和操纵应急信息报告的话语艺术来控制和影响信息报告的时效、内容、渠道和方式，最终导致上级主体得到的应急信息不及时、不准确和不全面，造成了应急决策与处置的偏差，从而偏离应急管理的公共利益最大化目标。

三、应急信息报告失灵的现实表征

依据信息报告失灵程度，可将信息报告失灵分为低效、无效和负效三种情况。在应急管理中，应急信息报告存在部分失灵、整体失灵和阶段失灵几种情形。应急信息报告失灵是应急信息报告主体运用资源和权力来影响和控制应急信息报告的功能，从而导致的应急信息情报工作失灵。换句话说，应急信息报告失灵是权力操纵下的应急信息报告契约失灵。根据权力操纵下契约运行的特点，可将应急信息报告失灵的现实表征分为体系失灵、过程失灵和结果失灵。

（一）体系失灵

应急信息报告体系失灵即应急信息报告的体系固化，具体表现为结构封闭和制度脱节。结构封闭指应急信息报告体系处于内部单向传递的封闭系统，应急信息报告的渠道单一且狭窄，应急信息进入信息报告渠道困难，应急信息也极易被报告主体控制。应急信息报告制度脱节即应急信息报告的诸多制度规范存在着逻辑混乱、表述不一、条款打架的问题，应急信息报告制度的制定和修订都面临着较大的制度惯性，很难有效约束和保障应急信息报告工作。此外，应急信息报告制度安排对于信息报告的主体职责的要求过于严苛，制度层面的"过度挤压"导致应急信息报告主体采取策略性信息报告行为来避责，这一现象加深了上下级信息报告主体的目标不一致，也会使得应急信息报告制度的约束作用失效。

（二）过程失灵

应急信息报告过程失灵是指信息报告中的策略性信息报告行为。应急信息报告过程适应应急管理阶段性动态演进的特征，因此，应急信息报告过程失灵存在于应急管理的监测预警、决策处置、评估学习各个阶段的信息采集、信息处理和信息应用等活动中。应急信息报告过程失灵具体表现为各种策略性的应急信息报告行为如迟疑、忽视、主观扭曲和选择性过滤等，影响应急信息传递。因此，可将应急信息报告中的策略性行为分为信息迟报、信息漏报、信息谎报和信息瞒报四类：信息迟报是应急信息报告主体通过控制信息进入应急信息报告体系的时间，导致超过应急信息报告规定时限的行为；信息漏报即应急信息报告主体对应急信息数量或内容上的忽视和遗漏；信息谎报是应急信息报告主体通过虚假报告应急信息内容来故意引导上级主体的主观扭曲行为；信息瞒报是应急信息报告主体通过隐瞒应当上报的应急信息真实内容来实现自己目的的主观过滤行为。

（三）结果失灵

应急信息报告结果失灵主要指应急信息报告对支撑应急管理决策应对的作用不足。从权力操纵下的契约运行的视角来看，应急信息报告结果失灵表征为权力任性和目标偏离。权力任性即本来通过以权力手段配置信息资源的方式，可以规范应急信息报告的契约运行，但在具体实践中，应急信息报告主体难以杜绝自利动机，而现有应急信息报告的制度安排与监督机制又缺乏对其权力的有效约束，从而加剧了应急信息报告结果失灵。目标偏离即应急信息报告偏离了为应急管理提供情报的目标，部分应急信息报告主体仅满足完成应急信息报告的形式，而非追求应急信息报告服务应急决策和处置的质量与价值。有的应急信息报告主体自利、唯上、短视和重考核痕迹的策略性信息报告行为，使得应急信息报告最终偏离公共利益最大化的目标。

四、应急信息报告失灵原因归总

应急信息报告主体基于权力操纵下的各种策略性应急信息报告行为最终导致了信息报告失灵。本书总结应急信息报告生成路径中信息报告失灵的诸多原因，将应急信息报告失灵总结为规范性失灵、技术性失灵、能力性失灵三类。

规范性应急信息报告失灵是指由应急信息报告制度规范缺

失、错位和滞后等问题导致的应急信息报告失灵。规范性报告失灵的因果逻辑表现为：应急信息报告链条本身固有的以及后期权力操纵导致的应急信息不对称和目标不一致成为触发信息报告主体采取策略性信息报告行为的动机。应急信息报告的制度刚性"挤压"信息报告主体，使得其通过策略性信息报告行为避责。应急信息报告制度方面的诸多漏洞，如法律规范方面的逻辑混乱、表述不一和条款打架等问题使得现行信息报告制度无力规制应急信息报告主体及其行为。另外，应急信息报告内外部监督机制的缺位也为应急信息报告主体选择策略性信息报告行为提供了制度缝隙。应急信息报告制度供给不足、不及时和不适配等规范性难题为应急信息报告失灵的生成提供了制度空间。

技术性应急信息报告失灵是由应急信息报告系统在技术方面的问题导致的应急信息报告失灵。技术性报告失灵的因果逻辑表现为：在建设初期，由于缺少统一的建设要求和技术标准，应急信息报告系统的建设主体注重满足本组织的短期目标，在建设过程中也忽视应急信息报告系统同其他系统的接口建设，使信息报告系统间的隔阂产生。在应急信息报告系统建设完成后，各应急信息报告主体之间的信息报告系统对接不畅，形成了信息报告"系统烟囱"林立的局面，跨组织应急信息报告较难实现。也就是说，应急信息报告系统的覆盖不全面，并未触达基层或偏远地区；其建设深度也远远不够，导致部分应急信息报告组织虽然在国家政策规划下纷纷建立技术系统，但在突发事件发生时却较少启用。应急信息报告系统的建设不足和不规范为应急信息报告失灵的发生提供了可行的技术空间。

能力性应急信息报告失灵是指应急信息报告主体能力不足导致的应急信息报告失灵。能力性应急信息报告失灵的因果逻辑表现为：应急信息报告主体由于专业知识不足，对未知风险和突发事件的感知能力和认识十分有限，所以其对突发事件应急信息的监测不全面，应急信息报告就容易出现感知失灵和监测失灵。同时，信息报告主体在应急信息收集、筛选、整合和加工过程中，由于应急信息采集、筛选和报告等能力不足也可能出现应急信息报告的信息处理失灵。另外，若应急信息报告主体使用应急信息报告系统的能力低下则会影响应急信息报告效率，导致应急信息报告过程出现信息转换失灵。为此，应急信息报告主体能力成为制约应急信息报告成效的关键，应急信息报告主体的知识和技能不足会导致应急信息报告出现能力短板。

第三节　数据赋能智慧应急信息报告

在风险社会与数字时代叠加的背景下，数字化发展成为推动应急管理体制机制创新的不二选择[①]。在应急管理方面，

---

① 郁建兴，陈韶晖．从技术赋能到系统重塑：数字时代的应急管理体制机制创新[J]．浙江社会科学，2022(5)：66-75+157．

高速发展的数字技术带来了应急决策和处置的诸多变化，数字技术嵌入应急信息管理，旨在解决应急信息供需平衡的难题。当前，随着传统应急信息报告模式向智慧应急信息报告模式转变，应急数据不仅成为必要的信息内容，更逐渐成为重要的赋能工具，带来应急信息报告从范式、效率，乃至创新路径和体系机制的全面升级。

一、数据赋能下的应急信息报告范式转变

数字时代的到来深刻改变了应急信息管理环境，也催生了应急信息报告范式的变革。数据驱动的应急信息报告特别注重数据的集成与挖掘、信息的交互与共享以及知识的关联与耦合，数据赋能应急信息报告网罗多源信息、注重相关关系和强调人机交互，化应急信息报告的"数据孤岛"为"数据共生"，从"被动报告"走向"智能报告"，带来了应急信息报告在基础、主体和认知方面的根本性转变。

（一）基础转变：因果关系→相关关系

数据赋能源于其海量数据、算法模型以及开源建构等特性[1]。多源、异构的海量数据是数据赋能的基础，算法模型是挖掘数据信息的方法，开源建构体现数据赋能打破时间、空间和组织层级等限制的包容性价值取向。

---

[1] 郁建兴, 陈韶晖. 从技术赋能到系统重塑：数字时代的应急管理体制机制创新[J]. 浙江社会科学, 2022(5): 66-75+157.

传统应急信息报告工作中，信息报告主体基于突发事件本身及其因果关系建立假设命题进行信息收集、分析和报告，大致描摹出应急管理进程或突出汇报应急事件的局部，具有一定的滞后性、片面性和表面性。而数智技术等新方法新工具，为应急信息报告突破传统的"因果联系"假设限制提供了可能。应急信息报告体系利用数智技术强大的采集、挖掘、存储、计算、推理和归总能力，可以统合突发事件混乱性数据和全样本信息，基于模糊近似的相关关系进行信息研判，将带来信息报告效率的巨大提升。

（二）主体扩大：公共部门→多元主体

数字赋能智慧应急带来了应急信息报告的实践创新，因此，可以作为治理应急信息报告失灵的一种尝试。

应急管理中，信息报告工作经历了由单一报告主体到多元报告主体的转变。传统应急信息报告主体一般为公共部门，应急信息由公共部门依据有限理性和自身偏好进行筛选，应急信息报告的参与权和控制权始终由公共部门所掌握。随着技术的发展和信息环境的改变，社交媒体平台开始在社会治理中发挥重要作用，一些非政府组织、私人部门和公民通过门户网站、社交媒体平台和即时通信工具积极参与到了应急信息报告中，应急信息报告主体从单一公共部门扩大到包括非政府组织、私人部门和公民在内的多元主体。

数据驱动带来了人机协同应用的进一步发展。人机协同使应急信息报告主要基础设施从应急信息报告支持系统转变为可以部分独立于人的具有感知能力的智能技术系统。信息报告主体与智能技术系统交互过程中,数据专家成为解释智能分析处理和输出结果的角色。因此,事实上的应急信息报告主体是人-机集成体,由于数据赋能,人-机集成体作为信息报告主体将在更大程度上实现全面感知、客观透明、实时连续和多元共治。

(三)认知拓展:有限认知→全面感知

传统应急信息报告的信息来源有限且关联性较差,存在着有效信息缺失、无效信息泛滥和信息抓取能力不足等问题,特别是在非常态情境下,应急信息报告主体的有限理性和主体意识还会导致其忽略关键信息。而在数字化环境下,数字技术使得应急信息范围更加广泛、内容更加丰富、信息价值测量更加可靠,应急信息报告的信息采集工作从有限认知步入了全面感知阶段。这种全面感知首先表现为应急信息"量"的提升,多源数据融合使得信息报告主体对突发事件的全景式观察和整体性认知成为可能;其次表现为应急信息"质"的飞跃,信息报告主体可以借助文本挖掘等数据处理技术提前察觉重大风险问题的苗头和风向,通过智能分析技术实现透彻的突发事件感知和精准预判未来走势。应急信息报告的全面感知有助于实现数字智能技术向报告实践价值的转化,为应急决策和处置行动提供有效支撑。

二、数据赋能应急信息报告效率提升

以大数据技术为代表的信息技术创新克服了突发事件应对中时间紧迫、环境多变、信息有限和过程复杂等困难，为智慧应急提供来源广泛、类型多样、体量巨大、动态更新、实时运算的数据优势[①]，成为监测预警、信息报送、溯源分析和调查评估等活动的有力工具，为应急信息报告提供了数据驱动和赋能的新方向。数据赋能智慧应急信息报告是指通过数智技术、数智方法和数智平台赋予应急报告主体能力与权力，使之快速采集、精准分析和及时上报应急信息。目前，大数据在应急管理的状态监控、原因溯源、演变预测和学习评估环节得到了广泛的应用，为应对应急信息不足、信息丢失和"信息孤岛"等难题提供了解决思路。近年来，随着大数据研究和应用的深化，打破条块分割的应急信息报告体系和建立依托信息报告系统的跨部门、跨层级的应急信息报告机制成为智慧应急信息报告体系的建设共识。

大数据为应急信息报告提供了传统应急信息管理所不具备的精准识别、动态监测与预测评估的能力。在数据驱动下，信息报告主体从应急信息的简单获取、上报转变为多源感知、全程监控和动态报告。数据驱动的应急信息报告提高了应急信息报告的及时性、准确性和灵活性，不仅带来了应急信息报告效

[①] 姚晨,樊博,赵玉攀.多主体应急信息协同的制约因素与模式创新研究[J].现代情报，2022(7): 31-41.

率的不断提升，还催生了应急信息报告范式的转变。

数据赋能应急信息报告的效率提升表现在数据驱动应急信息报告体系运转和数据驱动应急信息报告快速精准。

（一）数据驱动应急信息报告体系持续运转

数据驱动应急信息报告就是要在应急信息报告的事前、事中、事后全过程使用大数据技术和方法。借助数据工具对应急管理的预防与准备、监测与预警、处置与救援、恢复与重建四个阶段进行整体性规划和系统性把握，信息报告系统全方位采集应急信息、科学精准研判事件状况和及时准确报告应急情报，变被动为主动实现应急信息报告的全过程持续运转。

具体地说：（1）在预防与准备阶段，主要是通过数据技术更新完善各种与应急相关的应急管理预案、知识库和信息库。（2）在监测与预警阶段，通过数据技术系统实时监测和动态采集应急信息，并及时传递到应急管理信息库，通过数据方法分析研判突发事件发展趋势，及时生成预警信息并向应急决策者报告。（3）在处置与救援阶段，运用数据处理技术对应急信息数据平台上的应急数据、信息和情报进行清洗、转换、处理和报告，将应急数据转化为表示突发事件危害程度、发展现况和救援处置等内容的应急信息，生成可用于综合判断和决策应对的应急情报。（4）在恢复与重建阶段，借助数据技术对应急数据进行汇总、分析和评价，改进不合适的应急管理方法，优化应急管理评估体系，实现应急管理学习。

（二）数据驱动应急信息报告快速精准

突发事件的环境动态多变、危险程度较高和危机易演化升级等特性要求应急信息报告既准又快，即应急信息产生快、应急信息处理快、应急信息内容精准。而数智技术的深度应用能帮助实现这三个目标。应急信息产生快方面，基于数据技术和信息平台充分整合图像监控、传感器等感知设备与基础网络，利用大数据统计和关联分析，可实现对突发事件、应急资源和社会舆论等信息的快速抓取。应急信息处理快方面，通过数据处理与融合技术可以实现智能打包和快速传递。应急信息内容精准方面，通过数据组合技术多维剖析关联信息，信息报告主体多渠道采集信息和全方位挖掘信息，可精准还原突发事件实际情形，全面掌握应急资源情况，科学研判事件发展态势，最大限度精准报告应急信息。而且数据赋能的应急信息报告还可以通过对突发事件内容进行可视化操作以清晰还原突发事件，实现应急信息的准确表达和快速报告。

三、数据赋能应急信息报告使能创新

数据赋能应急信息报告范式的转变激发了应急信息报告向使能的进一步演进，即应急信息报告不仅要继续利用云计算、大数据、物联网和人工智能等数智技术提升信息报告效率，还需要借助数字化、智慧化程度创新应急信息报告范式，为管理

实践创造新的价值[①]。数智技术拓展延伸了应急管理的阶段，从以前的动态响应，向前延伸到风险溯源，向后拓展到危机学习，促成应急信息报告从效率提升带来的价值实现转变为能力塑造带来的价值创造。

（一）风险溯源

风险溯源是在应急信息报告中利用数智技术和数智平台实时监测数据，借助传感设备、数据终端和社交媒体等数字感知工具来采集、存储、分析和管理应急数据，从而尽早研判并有效追溯风险源头的活动。风险溯源通过对早期难以识别的风险进行感知、分析和治理，在提前抑制突发事件爆发风险的同时，也为其他信息报告主体信息分析研判节约了时间和提供了基础，属于应急信息报告的"源头"治理。应急信息报告从被动报告到主动预判的转变中，风险溯源有助于感知潜在问题与探测隐性风险，为提早发现"警兆"并作为相应的"警度"预判提供科学依据。这种针对应急管理事前风险源头的信息报告实现了应急信息报告前端风险预防的使能创新。

（二）动态响应

动态响应是指在突发事件发生后，应急信息报告主体借助数智平台对事件实时状况、卫星影像和风险轨迹等信息进行在线集成和仿真分析，将信息分析处理结果及时传递报告，并

---

① 陈国青，曾大军，卫强，等．大数据环境下的决策范式转变与使能创新[J]．管理世界，2020(2)：95-105+211．

不断动态更新的过程。数智平台帮助应急信息报告打破"条数据"和"块数据"之间的壁垒,实现上下级间和部门间应急信息的传递共享。突发事件下应急情形往往会动态变化,如果信息报告主体一味参照现有制度安排设定的内容要求,会难以精准全面地掌握应急管理各个阶段的应急信息特点,因此,应急信息的实时动态报告成为现实需要。信息报告主体基于智能移动终端和实时感知设备获取动态信息,可以获得突发事件的即时映现和实时反馈,进而进行信息的获取整理、分析研判、报告传递、评估反馈和总结学习等,实现对应急情境的适应性响应。数据赋能应急信息报告强调建立起应急信息与应急情景相匹配的动态响应机制,实现动态性与前瞻性的有机结合。

(三)危机学习

危机学习指对应急处理的经验教训进行系统反思,以期为未来持续改进提供有力保障的过程[①]。应急管理中的危机学习通过应急管理记忆与应急知识的双向耦合,及时更新完善突发事件案例知识库和应对策略库,为以后的应急管理提供学习内容。不同于传统应急管理书本式学习方式,数智背景下的应急管理对应急数据和应急信息的存储、搜索、更新和应用提出了新要求,即通过数智技术及平台对不同条件、结构、维度的应急数据进行细分,满足不同层次、不同主体和不同类型的应急信息学习需求。数据赋能的应急信息报告通过危机学习来总结

---

① 张海波. 应急管理的全过程均衡:一个新议题[J]. 中国行政管理, 2020(3): 123-130.

突发事件应急管理中的应急信息采集不全面、应急信息分析研判不准确和应急信息报告过程不顺畅等问题,让从本次应急信息报告问题中学习到的经验教训服务于下一阶段信息报告,形成自适应的善后学习,提升应急信息报告人员的职业素养、专业判断以及数智能力,实现了数据赋能应急信息报告后端危机反思的使能创新。

四、数据赋能应急信息报告体系

为解决应急管理中报告失灵问题,促进应急管理中监测预警、响应反馈和危机学习的应急信息报告的使能创新,有必要建立数据赋能的智慧应急信息报告体系和机制框架,以提高应急信息报告效能。

(一)数据赋能的应急信息报告体系

数据赋能应急信息报告是信息报告主体借助数字技术提高自身应急信息采集加工、分析研判和报告传递能力的过程。数据赋能的应急信息报告体系主要包括应急信息资源、应急信息收集子系统、应急信息分析子系统和应急信息报告子系统。其中,应急信息资源是应急信息报告的基础,应急信息收集子系统是"智慧双眼",应急信息分析子系统是"智慧大脑",应急信息报告子系统是"智慧神经"。

(1)应急信息资源是应急信息报告的起点和依据。应急信息资源涉及自然灾害、事故灾难、公共卫生事件和社会安全事件 4 类突发事件。就某一具体突发事件来看，应急信息资源包含地理空间、事件状态、决策辅助、应急保障和社会舆情等信息。

（2）应急信息收集子系统。数据赋能保证应急信息报告在接入速率超高和接入时延极低的情况下整合数据海量。数据赋能应急信息收集子系统运用各种数据探针采集应急信息，运用卫星和移动通信网络、物联网技术、遥感等地理信息技术和各类突发事件的专门监测网络技术搭建起智能化、网络化和集成化的数据赋能应急信息感知网络，以此来实现对风险的实时感知和动态监控，增强了应急信息系统的接收能力。通过各种数字技术建立健全应急信息基础数据库、应急案例库、应急预案库、专家知识库和应急模型方法库等各类数据库。应急信息收集子系统是数据赋能应急信息报告体系的海量数据收集器，实现的功能是应急数据的整合和汇聚。

（3）应急信息分析子系统。数据赋能应急信息报告分析子系统通过信息关联、知识建模仿真、大数据技术、人工智能和深度学习等数字技术增强对突发事件的还原和预判能力，全景式展示突发事件。这一子系统基于应急信息收集子系统打造的各类数据库的应急数据展开轨迹分析、趋势分析、语义分析、可视化分析、知识图谱和预测分析，实现超前识别、风险研判和安全分析等，从而得到应急事件之间的显性关系和隐形关联，完成应急信息的因果推断、知识发现和智能预测。

（4）应急信息报告子系统。数据赋能应急信息报告子系统基于数智平台来实现应急信息供给、传递和接收。在建设这一子系统时，需要明确应急信息报告标准，建设无延时全网络传输和无失真信息精准传递的信息报告"一张网"。另外，数据赋能应急信息报告子系统须保证应急信息报告过程紧密衔接、人机有效对接等融合行为，优化应急管理机制体制，建立一体化应急信息报告体系，实现突发事件应急信息敏捷报告，打通应急信息报告的"智慧神经"。

（二）数据赋能智慧应急信息报告核心机制

构建数据赋能应急信息报告运行机制是解决应急信息报告失灵的有效方式。数据赋能应急信息收集子系统提供了资源支持；信息分析子系统为数据挖掘提供了技术支撑；信息报告子系统为数据传递提供了网络渠道，确保了应急信息的精准供给和价值实现。数据赋能应急信息报告体系中各子系统是通过应急信息报告机制衔接的，即应急信息报告生成机制、应急信息报告传递机制和应急信息报告监督机制。

（1）应急信息报告生成机制覆盖应急信息报告收集子系统和应急信息资源。数据赋能应急信息收集子系统是数据赋能应急信息分析子系统的支撑，它通过主动扫描环境和观测对象或被动地收集信息，评估应急事项发生的可能性，当对应指标超过一定临界点时即自动生成应急信息报告，并补充采集完整、准确、即时的情境数据作为支撑。随着物联网、边缘计算、区块链等数字技术的集成应用，面向全社会和多元主体的多源应急信息收集机制势在必行。事实上，现在很多城市在应急管理中已经尝试让社会变成"一张网"，并借助"三微一端"的智慧平台与公众形成良性对接，捕捉具有应急价值的各类社会信号。因此，应急信息资源是应急信息收集子系统的起点，数智时代应急信息资源已经开始以本体刻画为目标，所形成的高质量应急信息资源输入应急信息系统后为提升后续信息传递和监督的智能化水平奠定了良好基础。

（2）应急信息报告传递机制覆盖应急信息分析子系统和报告子系统。该机制基于主动报告内容和系统中自动生成的客观数据展开异常值发现和应急情景描述，并基于匹配规则将分析结果分发到应急信息报告的渠道网络，传递给具有应急信息需求的应急决策主体，及时和准确地满足其需求。这一机制立足于实现应急信息分析子系统与报告子系统的耦合，促进应急信息在传递和应用过程中的价值实现。如新冠疫情期间"健康码"的使用就是一个智能化应急信息报告传递机制：健康码系统能够对异常情况进行数据溯源，精准识别疑似病例、疑似接触人员及确诊人员等重点关注对象，并将信息上报和分发给对应的地方政府和相关部门。

（3）应急信息报告监督机制是一种规范应急信息报告全过程的约束机制，覆盖整个应急信息报告体系，是评估应急信息报告工作绩效、治理应急信息报告失灵和提升应急信息报告成效的重要方式，通过数据印证分析、数据核验等，挖掘事件主体隐藏关系，旨在识别应急信息报告过程中的客观困难并设法解决，并最大限度规避主体策略性信息报告行为，促进应急信息报告工作的科学化和规范化。例如，新冠疫情伊始，浙江省即提出建立"精密智控指数"，用于评价各地疫情防控和效果。该指数由浙江省政府组织省卫健委、省公安厅、省大数据发展管理局、省信访局、省交通运输厅、省商务厅和省邮政管理局七家单位共同协商讨论设立，由管控指数和畅通指数两个一级指标构成，其中，管控指数下设新增病例、外省输入病例、主动发现病例、聚集性疫情及管控有效性五个指标；畅通指数包括人流、物流、商流三个指标，对各地开展的疫情防控成效进行全面评价。这些指数既形成对应急信息报告数据的直接反映，更通过指标的相互印证，起到对信息报告的监督作用。

第五章　数据赋能应急信息传播网络

应急信息传播能促进应急信息资源的全民共享，对构建全民参与的智慧应急体系起到重要作用。随着突发事件愈发复杂化，应急信息的公共传播成为应急管理的关键。数据技术赋能下，企业、公众等多元主体增权，治理权力扩散。本章从政社协同视角出发，引入价值网络理论，以新冠疫情期间的应急信息传播为案例，探讨政府、社会公众、企业、媒体等多元主体如何实现应急信息传播的协同配合。

第一节　数据赋能应急信息传播的理论与实践

一、数据赋能应急信息传播的理论研究

目前学界已涌现众多关于应急信息传播的研究成果，部分学者从应急信息类别切入，研究政府信息[1]、科学信息[2]、健康信

---

[1] 高萍，李爱生.制度、传播与技术逻辑：新冠疫情背景下的政府信息公开[J].现代传播，2021(8)：125-130.
[2] 李明德，张玥，张帆，等.疫情科学信息传播内容特征、模式、回应策略及优化路径——基于10名科学家相关热门微博的内容分析[J].情报杂志，2022(3)：133-142+190.

息①等的传播状况；部分学者从应急信息传播的特定主体出发，研究政务媒体②、主流媒体③、用户④、困难群体⑤等在应急期间的传播行为；还有部分学者从传播手段切入，研究5G⑥、数字平台⑦等新兴科技对应急信息传播的效果及影响。事实上，在风险频发，全媒体、大数据、人工智能等信息技术赋能赋权的背景下，关注多重媒体发展对应急信息传播的影响，以及技术赋能赋权下社会多元力量如何参与信息治理等问题已成为当前学者的共识。

一方面，多元主体参与的应急信息传播新格局已形成。有学者指出，当下应急信息传播已然呈现多元协作趋势，主流媒体与移动通信运营商、互联网平台多方合作，应急信息的加工、生产、发布全过程离不开跨行业、跨机构、跨平台、多媒

---

① 黎藜,李孟.打破健康传播中的"无形之墙"——宿命论信念和信息传播对疫情中公众防护行为倾向的影响研究[J].传媒观察,2021(6):44-51.
② 周磊,黄麒,魏玖长.基于组态视角的突发事件应急信息传播效果研究——以"安徽疾控"为例[J].公共管理与政策评论,2021(6):79-92.
③ 张冬,魏俊斌.情感驱动下主流媒体疫情信息数据分析与话语引导策略[J].图书情报工作,2021(14):101-108.
④ 李文文,陈康.危机传播情境下社交媒体用户涉疫信息转发行为形成机理[J].图书馆论坛,2023(6):103-114.
⑤ 谢新洲,温婧.新冠肺炎疫情期间农牧民健康信息传播研究——以内蒙古自治区西部六个牧区旗为例[J].首都师范大学学报(社会科学版),2021(3):161-170.
⑥ 卢迪,邱子欣.5G在突发公共卫生事件信息传播中的应用与价值体现——以新冠肺炎疫情防控期间的5G技术应用为例[J].电视研究,2020(11):30-33.
⑦ 匡文波.数字平台如何影响中国对外传播：后疫情时代中国网络媒体全球传播的机遇与挑战[J].西北师大学报(社会科学版),2021(5):5-14.

介之间的协作①。但这一多元主体协同的过程中仍存在诸多不足，如公民参与不足、各主体与政府对话不足、主体间协同程度不高等②。对于如何进一步提高多元主体协同水平，有学者认为应当关注公民参与信息传播以及互动等现象③；有学者指出，突发公共卫生事件的应急过程中，作为信息公开法定主体的政府需要与其他部门、社会组织、公民等多元主体进行对话协商，实现信息合作治理④。除此之外，还有学者基于整体性、系统性的视角提出突发公共卫生事件的信息传播应建立多元主体的应急信息预警和发布机制⑤。

另一方面，全媒体、大数据、人工智能等信息技术助力提升应急信息传播效果。首先，技术成为多元主体黏合剂，进一步提高多元主体协作参与程度。有学者认为，技术可以为政府和公众、社会组织的信息有机共享搭建公共平台，提升应急信息在治理中的价值和效用⑥；政府可利用媒介技术变革，积极引导社会组织和企业参与数据治理，扩展信息化环境下公共服务

---

① 卢迪,邱子欣.5G 在突发公共卫生事件信息传播中的应用与价值体现——以新冠肺炎疫情防控期间的 5G 技术应用为例 [J].电视研究,2020(11):30-33.
② 张爱军.重大突发公共卫生事件信息的传播特点与治理策略 [J].探索,2020(4):169-181.
③ 何文盛,李雅青.突发公共卫生事件中信息公开共享的协同机制分析与优化 [J].兰州大学学报（社会科学版）,2020(2):12-24.
④ 同上；周维栋.论突发公共卫生事件中信息公开的法律规制——兼论《传染病防治法》第 38 条的修改建议 [J].行政法学研究,2021(4):147-161.
⑤ 张文祥,杨林.多元对话:突发公共卫生事件的信息传播治理 [J].山东大学学报（哲学社会科学版）,2020(5):24-30.
⑥ 陈玉梅.协同治理下应急管理协作中的信息共享之关键影响因素分析 [J].暨南学报（哲学社会科学版）,2018(12):35-49.

的边界①。其次，新兴技术发展也极大推进了应急信息的传播、分析、加工及共享过程，使得应急信息不断增值。例如，基于大数据和人工智能技术的信息可视化应用增加了应急信息的内容深度，挖掘了数据的传播价值②；互联网技术改变了大众传播时代以传播者为中心的线性传播模式，构建了一个以网民和链接关系为根本要素的网络传播结构③，这也是应急信息传播的典型特征。

综上，虽然众多有关应急信息传播的研究已关注到协同格局、技术赋能等新的传播特征，但这些特征往往作为研究背景或辅助性内容出现，尚缺乏技术赋能赋权下多元主体参与应急信息传播的针对性解释。因此，本书以新冠疫情期间的应急信息传播为案例，拟对该现象进行深入解构，并尝试构建整体性理论架构。

二、数据赋能应急信息传播的实践效果

有效的应急信息传播能够切实减少公众对公共卫生事件认知的不确定性，促进公众理性认识和科学对待疫情，进而减少公众甚至是国家在灾难性事件中的损失，因此是疫情防控的重

---

① 高萍，李爱生. 制度、传播与技术逻辑：新冠疫情背景下的政府信息公开 [J]. 现代传播，2021(8)：125-130.
② 卢迪，邱子欣. 5G 在突发公共卫生事件信息传播中的应用与价值体现——以新冠肺炎疫情防控期间的 5G 技术应用为例 [J]. 电视研究，2020(11)：30-33.
③ 隋岩. 群体传播时代：信息生产方式的变革与影响 [J]. 中国社会科学，2018(11)：114-134+204-205.

要工作。但高效的应急信息传播不能仅仅止步于对应急信息的发布和机械搬运,也需要从传播速度、广度、深度等多个方面提升信息传播能力和传播效果,促成社会成员接收、吸纳和反馈相关信息,进而形成完整的治理闭环。

突发公共事件一旦发生,社会系统中的每一个组织、每一个人都有义务参与风险治理,尤其在如今互联网、人工智能等新兴技术繁荣发展的时代,更有必要充分发挥社会主体的协同效应,通过社会主体间的协作,实现应急信息治理的功能耦合。如今在数字基础设施及移动互联网支撑下形成的具有柔性、敏捷性和共生性的平台环境为多元主体协同、异质性资源互补提供了良好条件。新冠疫情期间政府、主流媒体、平台企业、社会组织甚至公众等纷纷依托互联网平台进行应急信息发布及传播活动,行为主体之间通过复杂互动关系实现信息整合、传播、加工、应用并达成信息增值,由此逐渐形成一个主体多样、结构复杂、价值增值的应急信息传播价值网络。这一价值网络不仅极大提升了信息传播的覆盖率和抵达率,增强了危机情境下应急信息传播对公众复杂信息需求的回应性,而且网络中的各主体均可获得共创价值。

根据以上实践分析,本书引入价值网络理论对应急信息传播进行分析。该理论是研究组织内部和组织之间如何通过合作和交互创造价值的一种理论框架,与本研究情景及研究目的契合。基于价值网络理论,本研究首先提出应急信息传播价值网络概念，同时对应急信息传播活动中行为主体的特征及互动加以解构，分析当前应急信息传播价值网络构成及运行机理，以期为更好地推进应急信息传播及信息价值实现、增值提供理论依据。

第二节 从"链"到"网"：应急信息传播的发展历程

近20年，我国历经了2002年"非典"、2013年H7N9、2020年初暴发的新冠三次重大疫情，而价值链、价值矩阵、价值网络这一理论发展线索恰好与这三次重大疫情对应的三个阶段的应急信息传播状况所呈现的演变特征吻合（如图5-1）。

一、线性传输的应急信息传播价值链

2002年"非典"时期，我国初步建立起信息公开制度。这一时期应急信息传播以政府信息为主，表现为政府为了应急处置需要，被动整合政府内部资源来发布信息，其传播方式也以电视、报刊、广播电台、政府公报、横幅标语、宣传单等传统媒体为主导的"你说我听"的单向信息提供方式为主，社会组织、企业、公众等极少参与应急信息的传播和加工。总的来说，在这一时期，应急信息传播整体呈现由政府到官方媒体再到社会大众的单向线性信息流，应急信息的价值仍然由政府掌握。政府话语主导模式强调了信息流管理的社会管控作用，即

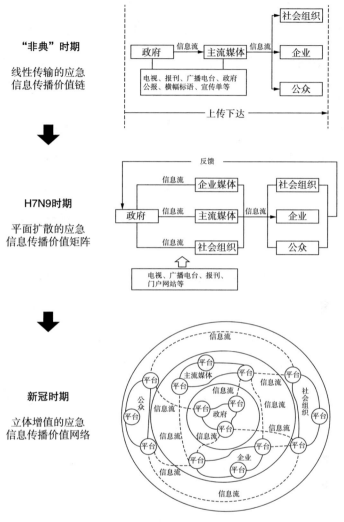

图 5-1 应急信息传播的发展历程

早期的应急信息传播价值链的目的在于排除信息噪声而非促进信息吸收和指导各地应对政策，社会大众仅能单向接受政府的信息灌输。

二、平面扩散的应急信息传播价值矩阵

2013年我国暴发了H7N9禽流感疫情。相较于"非典"时期，H7N9时期仍然以政府发布的应急信息为主，但信息的传播方式呈现更多样化的特征。得益于互联网及新媒体的发展，一方面，政府主导的传统媒体继续发力，持续推进应急信息发布及传播，如电视、广播电台、报刊等全天候不间断进行专题报道，并通过微博、微信等新媒体发布信息，实现与社会公众的互动；另一方面，互联网、新媒体的发展也为多元主体参与应急信息的传播及增值奠定了基础，如搜狐、腾讯、新浪、网易四大门户网站全方位立体式实时跟踪报道H7N9疫情态势。总的来说，相较于"非典"时期，H7N9时期应急信息传播的主体、渠道、范围等方面均得到一定程度拓展。值得注意的是，打通应急信息传播下的政民互动接口改变了政府单向灌输的局面，形成了从政府到多元主体再到社会大众接收反馈的信息传播闭环。在这一时期，公民反馈、多元主体助力等都促使应急信息流延展，信息覆盖率大大提升，信息增值潜力变大，平面扩散的闭环价值矩阵形成。

三、立体增值的应急信息传播价值网络

2020年新冠疫情席卷全球，而信息环境也发生巨大改变，互联网、大数据、人工智能、数据挖掘等现代信息技术已经深入到每一领域、每一组织、每一个体，尤其是大型互联网平台

已经把与个人生活相关的人、财、物、信息连结在一起。疫情期间,各类社会主体依据自身优势纷纷采取转发应急信息、置顶应急信息、设置疫情话题、创建疫情实时动态模块、开发应急信息地图、提供疫情政策查询服务等多样化的手段助力应急信息传播、提升信息价值,所传播的应急信息也不再局限于政府信息;同时,各类型互联网平台也通过应急信息相关模块的相互嵌套、复用等复杂协作,让平台神经和触角轻易延伸至每一社会个体。可见,在信息时代,信息技术打造平台基底、增权社会主体、链接主体网络、创新价值活动,应急信息传播已经演变为一个以平台为核心、立体增值的价值网络。在这一价值网络中,实现应急信息服务创新已成为多元主体协同的价值追求。

当前应急信息传播形态的发展已经超越对信息技术的复杂应用,更多表现为多元主体互动、治理效能提升的复杂网络,因此本书引入价值网络理论,从更具完整性、全面性、系统性的视角对其进行深入解构。

本书中提出的"应急信息传播价值网络"概念主要借鉴了"价值网络"这一概念。胡大立认为,价值网络是利益相关者之间相互影响而形成的价值生成、分配、转移和使用的关系及其结构①。古拉蒂和诺赫里亚认为,价值网络通过一定的价值传递机制和相应的治理框架,使不同企业实现协作、创新,由处于

---
① 胡大立.基于价值网模型的企业竞争战略研究[J].中国工业经济,2006(9): 87-93.

价值链上不同位置和具有某种专用资产的企业及相关利益体组合在一起，共同为顾客创造价值①。基于以上有关价值网络的阐释，本书认为，应急信息传播价值网络是指政府、平台企业、主流媒体、社会组织、公众等多元主体围绕应急信息，通过一定的信息价值传递机制结合在一起，以实现各主体优势资源及能力的整合互补，最终达成协作创新，共同促进应急信息传播及价值增值。

第三节　数据赋能应急信息传播价值网络构成及运行

一、应急信息传播价值网络的构成要素

构成价值网络的基本要素及其结构关系决定着价值网络的功能和特征。李垣、刘益基于企业主体价值体系发展的背景，提出价值网络由效用体系、资源选择、制度与规则、信息联系、市场格局和价值活动等六个基本要素构成。所谓效用体系即因参与价值创造活动而发生联系的主体自身价值需求与主体间价值需求关系的总和；资源选择则意味着主体在价值网络中的关系必然受到可选择资源及其配置方式的影响；价值网络中的制度与规则决定着主体间的利益关系，影响着价值网络的效率和组织的效率；信息联系强调有关组织的信息交流与处理的方式、技术水平、信息准确性和及时性的保证程度会影响主体

---

① GULATI R, NOHRIA A. Strategic networks[J].Strategic management journal, 2000(3): 203-215.

间交易成本以及组织能否组成同盟；市场格局则是价值网络形成的主要外部环境及其他要素存在的空间；价值活动指代这样一种现象，即主体之间的联系由相应的事物作为纽带实现交换或交易和合作，在此过程中各主体的价值得以增值[①]。

  本书结合应急信息传播多元主体基本特征，在借鉴李垣、刘益关于价值网络观点的基础上进行适应性调整，最终将应急信息传播价值网络解构为效用体系、资源选择、制度规则、行为主体、风险情境和价值活动等六个要素。其中主要调整了两个要素：第一，"信息联系"置换为"行为主体"。由于李垣、刘益关于价值网络观点的主体对象是单纯的企业组织，"信息联系"要素强调的是企业间的信息关系对于企业间合作的重要性，而应急信息传播涉及多元主体，且应急信息传播本就是一类信息沟通活动，多元主体之间是否形成合作不仅有赖于信息联系，更有赖于多元主体之间的地位差异，而行为主体的构成及其关系是决定主体间联系的基础。所以，将"信息联系"这一关系要素置换为"行为主体"在应急信息传播价值网络的语境下更为合适。第二，"市场格局"置换为"风险情境"。李垣、刘益关于价值网络的观点以企业间价值网络为对象，"市场格局"这一要素指的是这类价值网络形成的主要外部环境。而本书以应急信息传播价值网络为研究对象。应急信息传播是减少各类公共风险的价值活

[①] 李垣,刘益.基于价值创造的价值网络管理(Ⅰ):特点与形成[J].管理工程学报,2001(4):38-41.

动，风险情境是其存在的基础环境，因此，将"市场格局"这一环境要素置换为"风险情境"更适用于应急信息传播价值网络。基于以上判断，并根据价值网络的生成、价值创造、效用产出的逻辑，我们将各要素间关系阐述如图5-2。

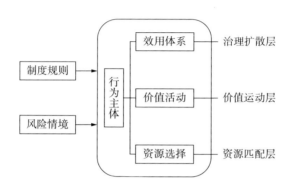

图 5-2　应急信息传播价值网络构成要素

首先，行为主体指应急信息传播价值网络中主要的信息行动者，包括政府、主流媒体、平台企业、社会组织、公众等。各行为主体的价值网络地位以及主体间的互动关系是极为复杂的。

其次，资源选择、价值活动、效用体系构成应急信息传播价值网络的运转逻辑。价值网络的价值创造来源于网络成员间的匹配，价值网络更注重网络的整体价值[①]。具体而言，行为主体先将自身优势资源及能力投入到应急信息传播价值网络中，实现异质性资源互补，形成资源匹配层；进而在资源匹配层进

---

① 浦贵阳.价值网络对创新绩效的作用机制研究:基于商业模式设计的视角[D].杭州:浙江大学,2014.

行信息的汇集、整合、传播、加工、应用等信息增值活动，即推出相应的信息服务或信息产品，形成价值运动层；最终各行为主体获得相应共创价值，尤其是实现应急信息传播对疫情防控的治理效用，形成治理扩散层。

最后，制度规则和风险情境分别作为内部环境因素和外部环境因素影响着价值网络的形成及运行。其中，制度规则影响着网络内部行为主体间的利益关系，而风险情境则主要是疫情所带来的外部宏观环境影响。

二、应急信息传播价值网络的主体特征

（一）行为主体的节点位置

应急信息传播价值网络中的行为主体主要包括政府、主流媒体、平台企业、社会组织和公众五类，各行为主体围绕应急信息传播这一活动以及满足行为主体信息需求这一目标而结合在一起，每一类行为主体均可不同程度地发挥能动作用，在网络中扮演着不同角色。

首先，各级卫健委、疾控中心、疫情应急指挥中心等政府行政部门和应急处置部门是价值网络中的核心节点，掌控着公共应急信息生产的主导权。由于政府是关键的应急信息生产者，并且政府对重要敏感信息有较严格的控制，什么时候发布应急信息、发布哪些应急信息、发布信息的详细程度等均由政府决定。在大多数情况下，其他社会主体也需要政府提供信息

才能够发挥其功能与作用,这就决定了政府在价值网络中的核心节点地位。

其次,主流媒体和平台企业是价值网络中的关键节点。主流媒体的关键性作用主要体现在连接作用上,其作为党和政府的喉舌,权威性高、影响力大,在政府和社会大众之间架起了信息流通的重要桥梁。例如以中央广播电视总台、人民日报、新华社以及各省级广电、报社为代表的主流媒体是公众每日获得信息的主要来源。平台企业的重要性不仅体现在其连接作用上,更体现在创新作用上。平台企业通常拥有更多的公众注意力、更强的信息处置能力,能利用平台优势充分实现资源适配,进而对不同来源、层次和结构的应急信息进行创新性的整合、重构和释放,使之具备更强的系统性和价值性。例如,疫情防控期间腾讯、百度、阿里巴巴等大型平台企业联动整个企业生态推出了众多保障应急信息发布的互联网产品。

最后,社会组织和公众是价值网络中的边缘节点,其作为独立个体资源较少,能力较弱,影响力有限,往往需要通过协作、依附的方式发挥其节点作用。就社会组织而言,多与政府、平台企业等合作发挥其专业优势,如广东省动漫艺术家协会与腾讯动漫合作推出"抗疫条漫"、北京医学会与百度合作推出"北京市新冠肺炎线上医生咨询平台"等。就公众而言,其作用主要通过众包模式体现。众包模式,即把组织内部的信息借助互联网发送到组织外部,由组织外部的非特定的大众对其进行相应的加工、处理并将结果反馈回组织内部的过程[①]，这一模式促使公众这一庞大且零散的主体所拥有的碎片化力量聚合在一起，进而产生巨大效能。例如，"疫况"这一由独立开发者推出的草根创作抗疫小程序到后期完全是一个众人协作的产品；再如，由志愿者共同编写的《魔都防疫指南：群众疫情期间生活手册》发挥了极大的应急信息传播作用。

（二）行为主体的互动关系

应急信息传播价值网络中，政府、主流媒体、平台企业、社会组织和公众等主体依托平台打破各自边界，彼此相互联结、实时互动的复杂网络关系推动了资源流、信息流和价值流等在行为主体间的传递和循环。本书基于价值网络的竞合关系以及主体间关系的作用方向，将各行为主体之间的复杂竞合关系细分为耦合关系、杠杆关系、竞争关系、排挤关系（见图5-3）。

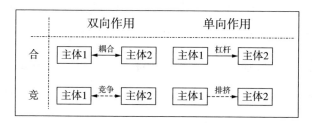

图 5-3　应急信息传播行为主体间的互动关系

[①] 吴翠花, 王玉辰, 刘艳辉, 等. 基于演化博弈的众包组织模式形成机理研究[J]. 科学决策, 2019(12): 47–60.

耦合关系指不同行为主体之间相互补充或依赖的双向作用关系。耦合关系在应急信息传播价值网络中有多种类型的表现。第一，信息资源的耦合。价值网络中的各社会主体对政府提供的应急信息有着强烈依赖，社会主体提供更细节的信息以作补充，如有些医疗网站在运营中建立了许多医生群，能够获取一手的疫区信息，进而对政府公开的信息进行细节补充，此便为耦合关系的一种表现。第二，信息能力的耦合。例如，各地方卫健委在应急信息公开的格式上不尽相同，发布方式、时间等也未进行统一，但是平台企业对这些信息的收集、整理、组织、聚合，恰好弥补了这一缺陷。第三，信息属性的耦合。人民日报与医疗网站联合推出的疫情动态地图体现了人民日报的权威性、及时性与医疗网站的医学专业性之间的信息属性耦合。

杠杆关系指对特定主体的信息或信息活动给予更大的资源分配力度，使应急信息加速传播或增值。杠杆关系侧重一方主体对另一方主体的单向作用。例如，在新浪微博关于新冠疫情的热搜中，人民日报的消息被置顶，这可视为新浪微博给予了人民日报信息传播上的"加速杠杆"。再如，由于政府是整个价值网络中最为重要的信息创造者，因此难以通过竞争驱动政府的信息创造行为，但可利用平台企业对政府的"倒逼杠杆"作用，撬动政府公开更多应急信息。疫情期间阿里巴巴、腾讯等平台企业主动呼吁政府开放更多有效的、细颗粒度的疫情数据便是一例。

竞争关系指行为主体之间或为追求绩效，或为追求流量等而形成的双向对抗性关系。在应急信息传播价值网络中有众多行为主体同时进行着相同的价值活动，但不同行为主体在资源及能力上存在差异，其推出的应急信息服务或产品也存在传播或增值上的差异。例如，疫情防控期间，腾讯新闻、网易新闻、新浪新闻等都提供官方疫情数据实时收集更新服务，以支持疫情地图功能，而社会大众在面对同质的疫情地图产品时则会择优选用。竞争关系会导致价值网络结构发生变化，部分弱势行为主体被迫退出价值网络，如"疫小搜"这一小程序便于2021年8月9日暂停服务；而部分强势行为主体的网络核心地位则会加强。

排挤关系指行为主体的某价值活动存在一定的参与门槛，由此对其他行为主体的合作及获取行为造成负面的排挤影响，主要表现为一方主体对另一方主体的单向排挤作用。例如，疫情初期，百度"疫情数据"须下载百度APP才能查看，这一下载门槛一定程度上排挤了公众的使用。再如，部分平台企业创建的应急信息服务模块或产品存在接入限制，这也对其他主体潜在的合作造成排挤。

三、应急信息传播价值网络的运转逻辑

（一）资源匹配层——可选择资源的投入与配置

资源选择指行为主体投入自身优势资源，并通过交互实现

异质性资源互补。应急信息传播价值网络究竟如何实现资源的整合？结构和内容是信息传播的两个重要维度。结构指信息流动以及交互发生的程度，内容指信息的潜在目标和意义[①]。应急信息传播多元主体的资源投入可通过改变结构和内容实现资源整合。

一是，改变信息传播结构方面的资源投入。在以平台为核心的应急信息传播价值网络中，多元主体可通过流量资源、社会资源、声誉资源等多种资源投入来影响应急信息传播结构。流量资源指拥有公众注意力配置能力的行为主体通过信息置顶、设置话题词等方式助推应急信息的传播。例如，新浪微博通过置顶卫健委消息、钟南山的讲话内容等，提升公众对权威应急信息的接收率。社会资源是指行为主体利用自身的社会关系网络，如亲人、朋友、同事等关系传播信息。例如，公众会把辟谣信息转发到家庭微信群，这也能促进应急信息到达率的提升。声誉资源指行为主体利用其在网络中的声誉或其意见领袖的地位进行信息传播，如利用微博大V进行推广等。总而言之，流量资源、社会资源和声誉资源的投入侧重于助推应急信息的传播，塑造着主体与主体之间的信息流动结构。

二是，改变信息传播内容方面的资源投入。在以平台为核心的应急信息传播价值网络中，多元主体可通过行为资源、

---

① WUKICH C.Social media engagement forms in government: a structure-content framework[J]. Government information quarterly, 2022(2): 101684.

技术资源、知识资源、信息资源等多种资源投入来改变应急信息传播内容。行为资源投入是指行为主体通过应急信息收集、整合、加工、应用等多种行为手段提升信息价值。例如,作为应急信息聚合的典型代表,疫情地图的背后有着复杂的信息收集、整合、组织、加工等信息行为。技术资源投入是指行为主体利用自身技术优势改变信息内容形态、拓展信息应用范围、提高信息内容价值。例如,百度新闻、腾讯新闻等借助平台企业的地图工具、视频工具等技术工具,开发出同程查询等服务功能。知识资源投入是指行为主体在助力应急信息传播过程中将自身认知、经历经验、专业知识纳入其中以实现信息增值。例如,经历过"非典"的记者回忆自身经历并总结经验,为新冠疫情期间的应急信息产品提供开发建议。信息资源投入是指基于已发布的应急信息,行为主体将自身掌握的补充性信息纳入信息传播价值网络。例如,百度APP、今日头条针对官方公布的辟谣信息,梳理谣言事件的整个脉络,以此增加信息厚度。总而言之,行为资源、技术资源、知识资源和信息资源的投入着力于信息内容的处理,以丰富信息呈现形式、增加信息内涵及意义。

(二)价值活动层——多元价值活动的信息增值

异质性资源互补是为了支撑行为主体的价值活动。价值网络中主体之间的联系必须有相应的事物作为纽带,借此来交换或交易和合作,价值活动即为这一纽带。应急信息传播价值网络中，这一价值活动则被视为各种保障应急信息发布、整合、传播、分析、加工等涉及价值增值的行为、服务或产品。

应急信息传播多元主体的资源投入可通过改变结构和内容实现资源整合，而主体在改变结构和内容时分别达成了"助力传播"和"增值应用"的目的，"助力传播"和"增值应用"可视为行为主体的两种"价值指向"。另外，无论是助力信息的传播还是促进信息增值，最终的目的在于满足公众需求。在应急信息传播价值网络中，各行为主体主要通过"分发"和"搜索"两种策略满足公众需求，即行为主体的"活动策略"。"分发"是通过各种方式将特定的、重要的应急信息推送给用户；"搜索"是对应急信息进行组织整理后形成有序的结构化的信息包，用户通过平台提供的信息入口，可以按需主动获取信息。通过对"价值指向"和"活动策略"两个维度进行组合分析，当前应急信息传播价值网络中存在的价值活动可以划分为四种类型：大水漫灌型、促进吸纳型、对话互动型、服务联结型（如图5-4）。总体而言，"非典"时期到H7N9时期再到新冠时期，价值活动沿着从分发向搜索、从助力传播到应用增值的路径不断向前发展。

大水漫灌型价值活动主要指各行为主体扮演纯粹的传播者角色，对应急信息进行无差别强制分发。此类价值活动具备以下三个特征：第一，以政府发布的权威应急信息为主，可快速传播并放大一系列紧急的、普适的、高价值的应急信息。这种价值活

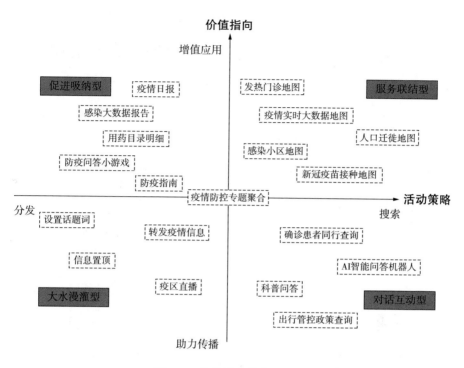

图 5-4 价值活动的类别划分

动更适合进行关键应急信息的及时传播，如将最新确诊病例轨迹进行信息置顶等。第二，可实现初始信息的及时传播。这种价值活动无须进行过多信息加工，一方面可极大减少公众信息获取时滞；另一方面也易带给公众极强的真实感、掌控感或激发公众同理心，例如疫区直播等。第三，此类价值活动参与门槛低。相较于其他类型的价值活动，大水漫灌型价值活动仅为简单的传播活动且易于操作，因此早在"非典"时期和 H7N9 时期就已经存在。另外，所有主体均可参与此类价值活动，甚至公众个体也可通过转发应急信息等提升应急信息传播效果。

促进吸纳型价值活动主要指各行为主体将分析、处理后的更具解释性、系统性、全面性的应急信息进行无差别分发。此类价值活动具备以下三个特征：第一，通过增加信息内容深度，深化公众对应急信息的理解，改变公众对应急信息的肤浅了解，进而引起公众重视，切实发挥应急信息价值。例如，丁香园发布的疫情日报在各个阶段的不同主题传递着不同的情感态度：疫情严峻前期侧重冷静解读疫情数据背后的意义，避免大众恐慌，同时传递正面情绪；在疫情平稳的后期则转变为提醒大众勿放松警惕。第二，通过拓展信息内容广度避免公众信息接收的碎片化和断层化，同时将个性的、长尾的、低频的信息需求也纳入传播范围。例如，有些平台企业通过设置疫情专题，实现应急信息整合式发布；再如喜马拉雅、小度智能语音将应急信息转化为音频，兼顾特殊群体应急信息需求。第三，通过丰富信息展现形式缓解应急信息过载导致的公众心理负荷过重，如通过开发疫情知识小游戏、推出方言版的信息服务产品等趣味性的信息分发方式，增强信息的公众可读性及接收效果。

对话互动型价值活动主要指各行为主体将同类型的应急信息整合打包，实现有序化、标准化，并为公众提供按需获取的入口。此类价值活动具备以下三个特征：第一，对话互动型价值活动可进一步满足公众差异化的信息需求。不同于"非典"时期和H7N9时期，新冠时期公众更倾向于进行带有目的性的主动搜索,期望以这种具有"对话"特征的个性行为来获得安全感。第二,此类价值活动为深度信息传播提供了绝佳的土壤,因为在公众主动搜索的过程中,信息包中的深度信息变得更易被公众捕捉并接受。例如,百度联合果壳上线"拒绝野味"搜索页特效彩蛋,用户搜索蝙蝠等野生动物词条时,搜索结果页面会深度介绍野生动物的现状、潜在危害、对于人类的积极意义等。第三,此类价值活动还有助于行为主体反向捕捉社会大众的需求点,实现公众服务的螺旋式升级。例如,"北京市新冠肺炎线上医生咨询平台"通过收集医生助理与市民的咨询信息,将运用人工智能技术进行分级处理后的问题推送给对应科室的专家,辅助专家提高咨询回答效率。

服务联结型价值活动主要指各行为主体基于更先进的信息技术,将各类应急信息、数据与其他生活场景信息数据结合,进而提供更具服务性质的应用。此类价值活动具备以下三个特征:第一,为公众提供的不只是信息,更是服务。无论是大水漫灌型、促进吸纳型还是对话互动型的价值活动都止步于应急信息的获取,所以提供服务就成为服务联结型价值活动的最大优势所在。该价值活动是依托新冠时期丰富的数据资源(尤其是大量非政府数据)以及技术优势新发展起来的价值活动。第二,此类价值活动通过为公众提供更具差异、个性的服务,引导公众相应的防疫行为,规范社会秩序。例如,百度地图的热力图产品可显示核酸检测点人流密集度情况,帮助公众合理安排时间或更换检测点,并且支持一键预约。再如,"周边疫情"工具等还能提升公众对疫情传染的理性认知和紧迫感,进而引导公众配合防疫。第三,公众在使用相关应急信息服务产品的过程中实际上也在贡献自己的行为数据,有利于各主体基于海量行为数据进行趋势分析和预测。一方面,海量数据的分析研判有利于行为主体通过预测模拟为公众提供超前服务,如百度地图在五一节前通过大数据来预测判断出行高峰期,提前帮助地区政府做好出行调控;另一方面,海量数据的分析研判有利于反哺政府决策,如2020年初,工信部通过获取海量的个人定位和行动轨迹,连续多日向中央政府和北京、上海等大城市推送武汉乃至湖北人员流出大数据统计结果及流动人员态势分析,由此及时发出疫情态势预测和社会预警,辅助政府提前防范和精准防控。

(三)治理扩散层——治理与控制效能的放大

实现治理效能是应急信息传播价值网络的核心所在。根据马克·穆尔(Mark H. Moore)的三圈理论,公共管理的终极目的就是为社会创造公共价值。要实现这一目标,需要三个关键要素——"支持""能力""价值"——在结构上平衡并交汇①。基于这一思路,我们可发现,在新冠时期,应急信息传播治理的支持圈、能力圈、价值圈得到全面放大,三圈彼此相交、相互促进,形成以应急信息传播促进公共卫生风险治理和

---

① 穆尔.创造公共价值:政府战略管理[M].伍满桂,译.北京:商务印书馆,2016:100-101.

控制的效用体系。

首先,多元社会力量的协同和治理资源的整合放大了应急信息传播的支持圈。"非典"时期,疫情信息传播价值链以政府整合自身内部资源为主;H7N9时期,多元主体开始参与疫情信息传播并初步形成公众信息反馈的闭环,疫情信息传播价值矩阵一定程度上开始吸纳社会资源,但仍极为有限。而新冠时期,应急信息传播的必要性和重要性得到了各行为主体的认同,多元社会主体主动参与的积极性被调动起来,并顺利达成多主体协同,实现了社会主体资源的充分整合利用。单个社会主体利用可调适的模块、整合性的平台与其他主体形成有效的资源合力,以此解决危机时出现的资源不对称问题,尤其是平台企业与政府合作已成为普遍现象。

其次,各主体参与治理的能力增强,治理权力向多元主体扩散,放大了应急信息传播的能力圈。"非典"时期以发挥政府这一单一主体的治理管控能力为主;H7N9时期仍保持政府为主导,虽有少数社会主体参与,但其能力的发挥极为有限。新冠时期,一方面,在新兴技术的赋权下,治理权力向下扩散,企业、公众等多元主体增权,公众个体也可参与到应急信息传播活动中,甚至某些意见领袖有着不可小觑的信息传播及治理能力。另一方面,在新兴技术的赋能下,各主体能力的发挥不再局限于信息传递这一单一环节,信息生产、信息加工、信息应用等信息生命周期全过程中的其他环节均成为多元主体可操作的治理环节。

最后,应急信息传播的价值从传递信息发展为促进吸收利用、联动治理,放大了应急信息传播的价值圈。"非典"时期和 H7N9 时期的应急信息传播仅仅注重信息的机械传递,而其价值是否被公众吸纳、是否达成治理引导则无法掌控。新冠时期,一方面,应急信息从机械传递向吸纳利用发展,促进吸纳型、对话互动型、服务联结型三类价值活动均可助力公众对应急信息的吸纳利用,充分发挥应急信息价值。另一方面,应急信息传播可牵引出更多元的服务,实现治理延展。如腾讯健康等平台企业在坚持应急信息传播的原则下,逐渐联动企业旗下相关健康产品、商业产品或者接入一些第三方服务,即从满足用户单一信息需求到满足其物资需求、医疗需求,实现了范围拓展,这从实质上来说,是从利益层面增加了企业的商业价值,也从治理层面实现了自信息治理到多元治理的效能扩展。

四、应急信息传播价值网络运行机理

从整体应急信息传播价值网络来看,最初各行为主体(尤其是政府)生产出应急信息,发布后流入平台价值网络中;在此基础上,各行为主体投入流量资源、社会资源、声誉资源、行为资源、信息资源、技术资源、知识资源等,在平台灵活的模块化结构中实现异质性资源互补;进而,应急信息在运动中不断实现价值增值,通过大水漫灌型、促进吸纳型、对话互动型、服务联结型等价值活动，最终面向社会大众流出增值之后更多元化的信息流、知识流、服务流。多元化的信息流、知识流、服务流满足了公众的应急信息需求，为平台企业带来流量并帮助其履行社会责任，更为重要的是，它们大大提升了全社会公共卫生风险治理和控制能力。以上即为应急信息传播价值网络由资源匹配层到价值运动层再到治理扩散层的运行机理（见图5-5）。

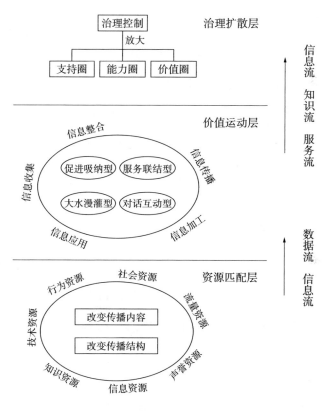

图 5-5 应急信息传播价值网络运行机理

应急信息传播价值网络的运行机理还受到疫情期间内外部环境因素的影响。风险情境是影响价值网络形成及运行的主要外部环境要素。第一，国际国内的疫情态势直接决定应急信息传播价值网络的运行状态。应急信息传播价值网络是一个短期网络，其同疫情发展一样存在生命周期，经历网络构建、网络发展、网络衰减、网络退出等阶段。第二，历史环境带来的认知、理念的影响。例如，"非典"、H7N9疫情证明了应急信息公开的重要性，所以应急信息公开被写入法律法规，而保障信息公开及传播顺理成章地成为价值网络的共同理念。再如，百度早期将血友病吧出售给商业机构的行为以及与魏则西事件有关的争议，对其在应急信息传播价值网络中的角色造成长期的负面影响。

制度规则是影响行为主体间关系结构及运作的内部环境要素。具体而言，价值网络中的制度安排决定着相关主体间的利益关系，影响着价值网络的效率[1]。第一，法律法规方面，在价值网络中有着领导地位的政府负有应急信息生产的主要责任和法定义务，这是《传染病防治法》《突发事件应对法》《政府信息公开条例》等强制规定的。第二，平台规则方面，平台组织有义务对其发布的信息及产品负责，以维护平台健康发展，因此众多平台企业有着严格的应急信息内容生产与发布质控流程、规范。

---

[1] 李垣，刘益. 基于价值创造的价值网络管理(I): 特点与形成[J]. 管理工程学报, 2001(4): 38-41.

第四节　数据赋能应急信息传播价值网络治理策略

应急信息传播价值网络有着不同于传统应急信息传播的独特优势：它充分整合了多元主体的资源及能力优势，各行为主体均可根据自身资源和能力水平进行不同类型的价值活动；应急信息在价值网络中不断被收集、整合、加工、传播、应用，信息价值得以增值，应急信息的治理效用被放大。但目前，该价值网络的运行仍然存在一些障碍，如行为主体之间的资源能力差异过大、恶性竞争频发，以及治理机制缺乏稳定性等，可通过以下治理策略进一步发展和完善价值网络。

第一，通过整合优势和平衡能力，进一步挖掘应急信息传播价值网络中行为主体的资源和能力。一方面，要鼓励更多元化的主体参与到应急信息传播价值网络中，最大化整合多元主体的资源、能力优势。另一方面，要注重平衡不同类型行为主体的资源和能力差距。价值网络中信息得以增值的重要因素在于网络的互补性，但互补性意味着双向匹配而非单向依赖，双方的资源能力差距若太大，最终会减少双方共同的价值创造。而目前的应急信息传播价值网络中，政府、公众等行为主体的资源、能力远弱于平台企业。政府势弱则可能无法掌握应急信息治理效能发挥的主动权，致使应急信息传播价值网络成为企业谋取经济利益的工具；而公众势弱则可能无法有效利用价值网络满足自身需求，甚至可能受到其他行为主体的操纵。

第二，通过细化信息传播行为治理机制，强化政府在应急信息传播价值网络中的主导地位。一方面，要规范各主体的信息行为，维护价值网络中的信息环境秩序。平台环境下的应急信息传播价值网络打破了传统媒体对话语权的垄断，"沉默的大多数"迅速被激活，催生出难以计数的舆论"散户"。价值网络中到处是信息的出口，应急信息很可能在这一过程中被扭曲，出现失真、虚假应急信息泛滥等现象，此类现象需政府加以重视与治理。另一方面，要平衡好各主体间关系，保护行为主体的正当利益。关系治理机制是价值创造过程中的"催化剂"，其本质是"建立一套自我驱动的，而非第三方激励的治理机制"，同时这套机制能将"正式和非正式的制度"有机结合起来[1]。在应急信息传播价值网络中，主体之间也可能存在恶性竞争关系。有效的关系治理要求价值网络成员采取措施，这些措施可以是正式的也可以是非正式的制度安排，旨在鼓励行为主体主动协调、改善和巩固与其他相关主体的关系，从而减少价值创造过程中的摩擦和冲突。而以治理效能为根本目的的应急信息传播价值网络，更应当将有限的资源充分利用以共同实现治理效能。

第三，通过创新多元社会主体协同机制，保障价值网络主

---

[1] 孟庆红,戴晓天,李仕明.价值网络的价值创造、锁定效应及其关系研究综述[J].管理评论,2011(12):139-147.

体稳定的协同关系及治理效能的持续发挥。目前价值网络中各主体间的合作并没有稳定的契约或者制度作为保障，也未形成正式和规范的利益分配方案，这不利于价值网络治理效用的持续发挥。尤其就网络中最为关键的政企协作关系而言，企业主体作用的发挥主要由其社会责任驱使，通过"免费提供"的机制实现。例如，腾讯健康面向公共服务机构免费开放包含15种在线服务的"抗疫工具箱"；财新网取消付费墙，免费开放疫情相关深度报道；阿里巴巴与全国28个省区市合作上线"数字防疫系统"，免费提供给全国各地政府及社区使用。然而，我国突发公共事件呈现出频繁化、复杂化的趋势，所以，政府应当重视进一步创新协同形式、更新协同制度，建立具有持续性的多元主体参与机制，维护价值网络运行的稳定和高效。

第六章　数据赋能的"情景-应对"应急决策实现

智慧应急要求应急决策方法实现从"预测-应对"向"情景-应对"的进化。"情景-应对"型应急决策强调构建事件情景，在对实时情景有效描述的基础上完成态势预估和模拟推演，据此快速建立适应性应急策略。近年来，得益于信息技术的高速发展和信息渠道的全面畅通，实时数据正逐步成为构建应急决策情景的重要信源。本章将以社会诉求数据这一新型实时数据为切入点，剖析智慧应急背景下应急管理信息资源和应急决策方法的转变，阐述社会诉求数据与智慧应急的关联，并以成都市在2020年初应对新冠疫情的实践为例，探讨社会诉求数据在智慧应急"情景-应对"应急决策中的数据价值和价值实现路径。

第一节　"情景-应对"应急决策及其信息源

"情景-应对"型应急决策已成为当前有效应对突发事件的决策范式。信息是应急决策的核心要素，应急决策主体要选取时间及时、渠道通畅、内容真实、来源可靠的应急决策信息源。社会诉求数据具有数据量大、实时性强、多形态整合、连接多元主体等特点，能够全面、实时、动态地反映公众面临的问题，正逐步应用于应急管理领域，成为契合智慧应急理念的应急管理信息资源。

一、"情景-应对"应急决策

"情景-应对"应急决策已成为有效应对突发事件的新模式[1]，但学界对于"情景-应对"的理解尚未达成统一。一部分学者强调"情景-应对"作为一种应急决策思维方式，对应急管理全程具有指导作用，如夏登友认为"情景-应对"是能根据灾害事故当前及不断发展的情景，动态生成应对方案的决策理念[2]；于峰等人认为"情景-应对"可理解为从信息需求、采集、存储、处理到决策生成、下达、执行的过程[3]。还有一部分学者强调"情景-应对"是一种应急决策方案生成方法，侧重于研究其推理模型，如陈波等人认为"情景-应对"是一种应急决策方法[4]，

---

[1] 刘檩,许欢,李仕明.非常规突发事件应急管理中的情景及情景-应对理论综述研究[J].电子科技大学学报(社会科学版),2013(6):20-24.
[2] 夏登友.基于"情景-应对"的非常规突发灾害事故应急决策技术研究[D].北京:北京理工大学,2015.
[3] 于峰,樊博,邓青.情景驱动的重大突发公共卫生事件快速防控框架设计[J].信息资源管理学报,2022(6):58-69+122.
[4] 陈波,王芳,肖本夫."情景-应对"型理论体系的发展及其在地震灾害应急管理中的应用探讨[J].震灾防御技术,2021(4):605-616.

吴广谋等提出了由情景再现和态势推演构成的决策模型[①],舒其林剖析了"情景-应对"应急决策方案的生成过程[②]。结合以上研究,本书认为,"情景-应对"应急决策是一种应急管理理念,该理念的核心是基于情景分析进行决策应对,该理念的实现过程包括应急情形发生前以"情景-应对"为导向的信息和知识准备工作,也包括应急情形发生后的情景推演和决策制定工作。

"情景-应对"应急决策实现过程高度依赖情景,而信息是构建应急决策情景的关键要素。当前学界关于构建情景的信息源的研究大致可分为两类:一类秉持整体观的视角,认为突发事件的情景分析是一个信息融合系统,构建情景的信息源包括历史信息、实时信息、预测信息和形象信息等[③],情景表现则是实时信息、数据挖掘、模拟预测融合的最终结果[④]。另一类则从单个信息源视角,分别从历史类信息、实时类信息和预测类信息展开研究。历史类信息方面,刘铁民介绍了美国构建情景的重要信息来源是重大突发事件的历史典型案例[⑤],张文静等运用近二十年国内外地震突发事件的相关历史信息分析地震重大事

---

① 吴广谋,赵伟川,江亿平.城市重特大事故情景再现与态势推演决策模型研究[J].东南大学学报(哲学社会科学版),2011(1):18-23+123.
② 舒其林.非常规突发事件的情景演变及"情景-应对"决策方案生成[J].中国科学技术大学学报,2012(11):936-941.
③ 袁晓芳.基于情景分析与CBR的非常规突发事件应急决策关键技术研究[D].西安:西安科技大学,2011.
④ 刘力玮."情景-应对"型非常规突发事件应急方案与效果评估研究[D].成都:电子科技大学,2012.
⑤ 刘铁民.重大事故灾难情景构建理论与方法[J].复旦公共行政评论,2013(2):46-59.

件的情景构建①。实时类信息研究方面,吉里等指出意大利佛罗伦萨综合运用地质力学调查、实验室分析、岩土技术调查、地球物理调查监测获得的实时数据进行滑坡风险情景评估②,洛威等认为通过使用地理信息系统和绘图工具为基础的地理空间分析可为应急活动提供近乎实时的信息③,邓青等提出一种以救援机器人获取的灾害现场数据为基础的情景推演方法④。预测类信息研究方面,牧野岛文康等利用平行计算方法构建了海啸疏散的模拟模型并运用于分析海啸疏散的应急场景⑤,荆磊等在历史数据和相关驱动因子数据的基础上构建了情景模拟数据⑥。

二、三类情景构建信息源比较

结合以上研究,本书从构建情景类型、数据生产主体、数据表现形式和作用维度四个方面比较了历史类信息、实时类

---

① 张文静,宋思然,王丽莉. 地震重大事件情景构建探讨研究 [J]. 地质与资源,2018(3): 298-301+306.

② GIGLI G, FANTI R, CANUTI P, et al. Integration of advanced monitoring and numerical modeling techniques for the complete risk scenario analysis of rockslides: the case of Mt. Beni (Florence, Italy) [J]. Engineering geology, 2011(1-4): 48-59.

③ LOWE L, SALAME-ALFIE A, NEURATH B, et al. Geospatial analysis in responding to a nuclear detonation scenario in NYC: the Gotham Shield Exercise[J]. Journal of homeland security and emergency management, 2019(3): 1-21.

④ 邓青,施成浩,王辰阳,等. 基于 E-LVC 技术的重大综合灾害耦合情景推演方法 [J]. 清华大学学报(自然科学版),2021(6): 487-493.

⑤ MAKINOSHIMA F, IMAMURA F, ABE Y. Enhancing a tsunami evacuation simulation for a multi-scenario analysis using parallel computing[J]. Simulation modelling practice and theory,2018: 36-50.

⑥ 荆磊,刘明皓,陈春,等. 基于 SEIRD-GEOCA 的 COVID-19 疫情时空分布模型构建与情景模拟 [J]. 西南大学学报(自然科学版),2022(2): 207-218.

信息和预测类信息的差异（如表 6-1 所示）。在应急管理活动中，选用历史类信息是为了构建突发事件预案类情景。这类数据由政府主导生成，主要表现为历史案例、情景库、历史新闻报道、客观基础信息等。选用实时类信息是为了还原突发事件场景以构建实时类情景，数据生产主体涵括政府、公众、企业等多元主体，主要表现为现场视频数据、现场人员信息、新闻报道、网络舆论、社会诉求数据等。选用预测类信息是为了构建未来类情景，数据生产主体主要是政府，主要表现为模拟数据、仿真软件数据等。

表 6-1　情景构建信息源类型

比较维度	历史类信息	实时类信息	预测类信息
构建情景类型	预案类情景	实时类情景	未来类情景
数据生产主体	政府主导	多元主体参与	政府主导
数据表现形式	历史案例、情景库、历史新闻报道、客观基础信息等	现场视频数据、现场人员信息、新闻报道、网络舆论、社会诉求数据等	模拟数据、仿真软件数据等
作用维度	发挥历史案例的借鉴作用	还原突发事件当前的状态	发挥预防与准备作用

简而言之，学界普遍认同构建应急决策情景的信息来源类型多样，构建不同类型的情景可以发挥不同的作用。但现有研究还存在可拓展的空间：一是从实时类信息源角度进行情景构建的研究主要集中于物理感知数据，缺少对社会感知类实时数据的研究，实时类信息源的内涵和外延有待进一步拓展；二是单一类型信息源与整体信息源之间的关系值得进一步深入探讨。

三、社会诉求数据及其应急决策价值

（一）社会诉求数据

社会诉求数据是随着政务热线发展而兴起的社会感知类数据，其与政务热线二者之间存在密切关联已成为业界共识。近年来，有关政务热线的研究正在快速兴起，但针对社会诉求数据的研究相对较少，有关社会诉求数据的定义就更加鲜见。本书将社会诉求数据定义为公众通过特定渠道，面向政府进行的意愿、观点和要求表达。

该定义主要围绕社会诉求数据的数据生产主体、载体和内容展开。第一，社会诉求数据的数据生产主体是公众。第二，社会诉求数据是公众通过特定渠道进行诉求表达的产物，而这一特定渠道就是政务热线。政务热线是公众反映问题的重要渠道，能够促进政府科学决策，推动解决政务服务问题。第三，社会诉求数据搭载的内容是公众的意愿、观点和要求。社会诉求数据的内容可帮助政府寻找问题线索进而有助于问题解决，实现政民互动的良性循环，推动政府绩效持续提升[1]。

政务热线搭载的社会诉求数据是典型的大数据[2]。首先，政务热线积累的社会诉求数据体量非常大。其次，社会诉求数据具有高频变动的特性，接近于实时产生的数据。再次，社会诉

---

[1] 马亮, 郑跃平, 张采薇. 政务热线大数据赋能城市治理创新：价值、现状与问题 [J]. 图书情报知识, 2021(2): 4-12+24.
[2] 同上.

求数据主要来源于政务热线电话产生的音频,也包括通过互联网等渠道产生的多媒体信息。最后,社会诉求数据将公众、政务热线管理部门、责任部门、处理单位等多元主体联系在一起,反映了城市治理网络。对于社会诉求数据的优势,有学者提出,政务热线所汇集的数据具有数量庞大、真实性高、可靠性强、覆盖面广、时效性强等优势[①]。这些数据除了一般意义上的量大、多维、系统、全面等特征外,还有用户生成、社会基础和民生倾斜等鲜明特征。尤其是热线问政数据,在空间序列上往往呈现出家户、楼宇、小区、社区、街道和跨区域的逐层扩散特征,而在主题序列上又通常体现为基础民生问题(水电气暖等)、基本民生问题(食品、物业、治安、交通等)、发展民生问题(教育、就业、环保、购物等)、优质民生问题(文化、休闲、健身、旅行等)的连续扩展特性[②]。

综上,社会诉求数据主要有三个方面的特征。第一,从数据表征上看,具有数量大、多样态、速生成和低赋值等特点;第二,从数据内容上看,具有用户生成、民生倾斜性、决策指向性较强等特点;第三,从数据质量来看,具有真实性、全面性和开放性等特点。

---

① 郑跃平,梁春鼎,黄思颖.我国地方政府政务热线发展的现状与问题——基于28个大中城市政务热线的调查研究[J].电子政务,2018(12):2-17.
② 赵金旭,王宁,孟天广.链接市民与城市:超大城市治理中的热线问政与政府回应——基于北京市12345政务热线大数据分析[J].电子政务,2021(2):2-14.

（二）社会诉求数据的应急决策价值

当前，社会诉求数据是政务热线等社会诉求传递渠道发展的产物，现在已经被广泛应用于社区治理、优化政府决策等领域。纽约市311热线就曾帮助纽约市政府制订噪音消灭行动计划[①]。北京市通过"接诉即办"的治理实践，实现了基于社会诉求数据的社会风险智能分析评估[②]；广州市运用社会诉求数据改善政策制定、回应公众诉求和评估政策效果[③]；成都市以网络理政平台为依托，实现政民协商共治的网络城市治理新格局[④]。

新的社会背景和技术环境拓展了社会诉求数据更多的应用领域。近年来，在新冠疫情背景下，国内外开始探索社会诉求数据在应急领域的实践应用，学界也从多个角度展开相关研究。尤金等对纽约新冠疫情期间311热线中有关学校教育方面的咨询情况进行了数据分析，为学校在突发事件下做出应急决策提供了依据[⑤]。马晓亮等以广州市为例，指出社会诉求数据在

[①] 刘新萍. 纽约311政务热线的经验及对我国的启示[J]. 电子政务，2018(12): 27-34.

[②] 马超，金炜玲，孟天广. 基于政务热线的基层治理新模式——以北京市"接诉即办"改革为例[J]. 北京行政学院学报，2020(5): 39-47.

[③] 郑跃平，马晓亮. 利用政务热线数据推动智慧治理建设——以广州政务热线为例[J]. 电子政务，2018(12): 18-26.

[④] 李月. 城市治理创新视角下的网络理政平台建设研究——以成都市为例[J]. 成都行政学院学报，2020(2): 92-96.

[⑤] EUGENE A, ALPERT N, LIEBERMAN-CRIBBIN W, et al. Trends in COVID-19 school related inquiries using 311 New York city open data[J]. Journal of community health, 2021(1): 1177-1182.

新冠疫情防控期间为政府应急决策提供重要依据[①];张新生和金韦彤认为社会诉求数据在疫情线索排摸、辅助政府应急决策等方面发挥了积极作用[②]。

智慧应急对应急信息资源提出了全域化、动态化、优质化的"智慧化"升级要求,筛选适合智慧应急的应急信息资源成为当前智慧应急发展的重点工作之一。社会诉求数据作为伴随政务热线而产生的一类新兴数据,在应急管理领域已发挥其数据价值,其应用也促进了智慧应急的进一步发展。究其原因,社会诉求数据本身的特征顺应了智慧应急理念下对应急信息资源的要求。

第一,社会诉求数据全面反映公众的诉求,是全面感知公众对于突发事件观点的重要触手。一方面,应急决策部门可以通过社会诉求数据掌握公众对于突发事件的态度、意见等,达成"全面化"感知公众诉求的目标;另一方面,社会诉求数据作为应急决策部门全面感知公众对突发事件态度的重要数据源,与其他数据源共同实现应急信息资源的"全域化"。

第二,搭载在政务热线上的社会诉求数据源源不断地产生,在数据生产上不受时间、空间所限,特别是在突发事件发生后,相应的社会诉求数据在短时间内暴涨并迅速更新。社会

---

① 马晓亮,李应春,沈波,等.新冠疫情防控时期广州12345政府服务热线的运营对策分析[J].广东通信技术,2020(9):2-4.
② 张新生,金韦彤.用好政务热线 解决疫情防控的民生问题[J].群众,2020(4):37-38.

诉求数据是具有较强实时性的动态数据。因此，从这个角度来说，社会诉求数据符合智慧应急理念下对于信息资源"动态性"的要求。

第三，经过分析和挖掘的社会诉求数据可为应急管理工作提供应急决策依据。实践经验表明，政府部门对社会诉求数据进行信息融合、关联分析后，可以有效提升社会诉求数据的应急管理价值。因此，社会诉求数据符合智慧应急对信息资源"优质化"的要求。

在应急管理实践中，社会诉求数据已逐步应用于应急决策等工作领域，开始实现社会诉求数据的应急管理价值。然而，目前对社会诉求数据在智慧应急中的应用缺乏系统性的深入研究，因此本书以成都市在2020年初应对新冠疫情的实践为例，阐释社会诉求数据在"情景-应对"应急决策中的数据价值及其价值实现路径。

第二节 分析框架和案例选择

一、分析框架

数据驱动的风险管理是公共危机信息管理研究的新动向[①]。蒂姆·尼森等提出了由数据层、资源层和业务层融合构成的数

---

① 沙勇忠.迈向学科交叉的新领域：公共危机信息管理[J].图书与情报，2020(1)：1-5.

据驱动风险评估分析框架[1]。智慧应急的核心工作是智慧应急决策。智慧应急要以情景任务作为主线实施部门间的协同[2]，而"情景-应对"应急决策方法则是将情景任务作为部门间协同的前提。因此，本书在分析社会诉求数据在智慧应急中的数据价值及价值实现路径时，涉及社会诉求数据的处理工作、"情景-应对"应急决策方法和应急决策过程三方面的问题。基于此，本书遵循数据经由方法驱动应急决策业务的逻辑，构建了数据层、方法层和业务层分析框架，如图6-1所示。

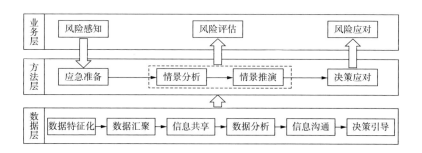

图6-1 数据层、方法层和业务层分析框架

数据层体现的是在"情景-应对"应急决策中的社会诉求数据处理工作。按照危机信息管理过程[3]，本书将社会诉求数据应用于智慧应急决策的主要数据处理工作分解为数据特征化、

---

[1] NIESEN T, HOUY C, FETTKE P, et al. Towards an integrative big data analysis framework for data-driven risk management in industry 4.0[C]//Hawaii international conference on system sciences. IEEE computer society, 2016.

[2] 陶振.迈向智慧应急：组织愿景、运作过程与发展路径[J].广西社会科学，2022(6)：120-129.

[3] 辛立艳.面向政府危机决策的信息管理机制研究[D].长春：吉林大学，2014.

数据汇聚、信息共享、数据分析、信息沟通、决策引导六个环节。

方法层体现的是"情景-应对"应急决策方法的要点。智慧应急要求应急决策方法转向"情景-应对"。参考关于"情景-应对"应急决策方法要点的相关研究①，本书将基于社会诉求数据的"情景-应对"应急决策方法要点依次分为应急准备、情景分析、情景推演及决策应对。社会诉求数据通过数据层的一系列数据处理工作为方法层提供数据支撑。

业务层体现的是应急决策的业务流程。突发事件事前风险管理与评估的流程包括风险识别、风险分析与评估、风险处理、风险监控及风险沟通五个步骤②。基于此，应急决策业务流程主要包括风险感知、风险评估和风险应对三个阶段。风险感知驱动应急准备工作，情景分析和情景推演共同推进风险评估工作，决策应对即风险应对环节。

二、案例选择

本书选取成都市作为观察对象，有两方面原因：一方面，成都市是国内运用社会诉求数据进行城市治理的代表性城市。

---

① 杨从杰, 曹双. 情景分析方法在突发事件应急决策中的应用[J]. 现代情报, 2013(11): 29-32; 巩前胜. 基于动态贝叶斯网络的突发事件情景推演模型研究[J]. 西安石油大学学报(自然科学版), 2018(2): 119-126.
② 张小明. 论公共危机事前风险管理与评估[J]. 北京科技大学学报(社会科学版), 2007(1): 36-40.

2016年底,成都市全面启动网络理政工作,建立了网络理政平台并运用社会诉求数据进行城市治理。近年来,成都网络理政获得了"中国网络理政十大创新案例"等多个奖项[①]。成都市将社会诉求数据应用于城市治理的成功经验为突发事件发生时快速将社会诉求数据运用于应急决策提供了路径参考。另一方面,成都市在2020年初抗疫过程中将社会诉求数据深入应用于应急决策,具有实践上的典型性。成都市在2020年初的疫情防控中应急治理成效显著,是全国千万人口以上城市感染率较低的城市之一[②]。在重大突发公共卫生事件塑造的压力场景下,成都市通过收集、分析和运用社会诉求数据,为应急决策部门提供了决策依据。2020年1月29日至4月30日共形成专题报告44期,政策建议125条,决策建议采纳率达37.6%[③]。因此,成都市在探索社会诉求数据运用于应急决策实践的方法和经验值得进一步分析总结。

我们采取了深度访谈、文献分析和网站调查等方法收集案例资料。其中,深度访谈主要面向成都市社会诉求数据管理部门,围绕社会诉求数据在应急决策中的价值及其价值实现路径展开。文献分析使用的数据主要包括两类政策文件:一类是社

---

① 网络理政的成都"11637"模式好[J].领导决策信息,2019(19):18-19.
② 2020年成都市政府工作报告[EB/OL].[2022-12-07].https://m.thepaper.cn/baijiahao_7458540.
③ 冯翼,徐霁,李金兆."三位一体"决策机制研究——以防控新冠疫情期间成都公众诉求参与政府决策为例[J].信息化建设,2021(7):56-59.

会诉求数据有关的政策文件，另一类是2020年初成都市在疫情期间出台的相关政策文件，部分政策文件如表6-2所示。网站调查数据主要来源于成都市人民政府网站、成都市政务服务管理和网络理政办公室网站、成都市卫生健康委员会网站等。

表6-2 社会诉求数据相关的政策文件（部分）

时间	政策名称
2016.12.20	《成都市网络理政办理办法（试行）》
2018.1.25	《成都市加快推进"互联网+政务服务"工作方案》
2023.6.13	《中共成都市委书记信箱工作办法》
2020.1.31	《关于进一步做好物业管理区域新型冠状病毒感染的肺炎疫情防控工作的紧急通知》
2020.2.06	《有效应对疫情稳定经济运行20条政策措施》
2020.2.10	《关于有效应对新型冠状病毒肺炎疫情维护劳动关系和谐稳定支持企业复工复产有关问题的意见》
2020.2.19	《成都市进一步加强疫情防控物资生产供应保障十二条政策措施》

第三节 案例分析

社会诉求数据应用于智慧应急的过程，实质上是发挥社会诉求数据价值的过程。因此，本书将以应急决策业务的三个阶段作为分析单元，阐明每个阶段社会诉求数据的数据价值，重点分析社会诉求数据的数据价值实现路径。

一、风险感知阶段：社会诉求数据牵引应急准备工作

进行"情景-应对"，要做好应急准备工作[①]。社会诉求数据是来自公众的数据，是一种实时产生的风险信号型数据。在风险感知阶段，成都市运用标准化流程采集社会诉求数据并进行数据结构化处理，在此基础上进一步扩展数据特征表征，以适应"情景-应对"应急决策的需要，提升数据可用性。换言之，成都市通过数据汇聚及时感知风险情势，进而牵引应急准备工作，实现了其风险预警的数据价值。社会诉求数据对应急准备的牵引具有以下特征：

第一，全过程牵引。社会诉求数据反馈的风险问题为应急风险的全过程感知提供了导向，实现了社会诉求数据对应急准备的全过程牵引。根据我们对成都市相关人员的访谈，为及时感知风险情况，成都市对社会诉求数据进行了标注扩展：网络理政办公室对汇聚的社会诉求数据按照诉求时间、诉求性质、诉求内容、紧急程度等进行登记，创建社会诉求工单，紧急的社会诉求工单要求在规定时间内进行现场核实，并通过数据汇总发现诉求工单的共性问题和突出问题，提取其中的风险信息，展开初步的风险识别。例如，2020年1月28日，有出租车司机反映受疫情影响经营困难，提出减免运营规费的诉求[②]，

---

① 刘铁民."危机型"突发事故灾难——挑战与应对[Z].突发事件应急管理论坛(IFIM09), 2009.
② 市长热线办理公开[EB/OL].[2022-12-02]. http://12345.chengdu.gov.cn/searchTelDeal?telID=12640315&class=100&WorkFPkId=3720315.

记载该诉求的工单记录了导致经营困难的孕灾环境、致灾因子和承灾体等要素。意识到风险后，成都市网络理政办公室即启动应急准备工作，包括重点分析区域频发、诉求内容多次复现及公众反映强烈的社会诉求，结合基础数据、行业数据、职能部门数据、应急部门数据等信息资源，辨识重点情景。自2020年1月24日四川省启动突发公共卫生事件一级应急响应之后，成都网络理政平台日均诉求量达到11 000件，其中与疫情相关的诉求占全部诉求的31.91%[1]，诉求集中反映的问题领域就是从社会诉求数据辨识出来的重点风险，牵引着后续的应急准备。

第二，全局性牵引。成都市社会诉求数据也牵引着其他各类数据应用于应急准备。成都市在2020年将新冠肺炎疫情防控指挥部设在成都市网络理政中心，这一创新的"数据-决策一体化"应急决策机制打通了社会诉求数据与各职能部门数据的共享渠道，为社会诉求数据全局性牵引风险感知工作提供了体制基础。2016年底建立的成都市网络理政平台，统一归集多个渠道的社会诉求数据。在2020年疫情开始后，成都市新冠肺炎疫情防控指挥部将12345市长公开电话设为市民咨询疫情的热线电话[2]，社会诉求数据在疫情应急中的中心地位得以确立。同

---

[1] 网络理政·真情面对(第二期 2020年2月)——抗击疫情·成都在行动——聚焦"防疫"(一) [EB/OL]. (2020-02-25)[2022-12-03]. http://12345.chengdu.gov.cn/wllzwg?id=201090&infoID=739.
[2] 成都市新型冠状病毒感染的肺炎疫情防控指挥部通告(2020年第2号)[EB/OL].[2022-09-07]. http://www.chengdu.gov.cn/chengdu/c135624/2020-01/29/content_5f956192b57d4806b93bb00a61748f76.shtml.

时，智慧决策离不开应急事件知识体系的支撑[①]。成都市卫生保健等相关职能部门建设和维护的知识库，为社会诉求数据管理部门提供了客观知识体系，是社会诉求数据全局性牵引风险感知工作的知识支撑。

第三，多层面牵引。社会诉求数据从多层面牵引应急准备工作，主要体现在牵引情景生成的数量、牵引其他数据共享面和牵引其他数据共享强度（见图6-2）。就牵引情景生成的数量而言，存在"一对一"牵引和"多对一"牵引两种方式：前者的诉求问题指向的职能部门明确且单一，而后者则是由多个内容相似的社会诉求数据共同牵引生成一个应急决策情景。从牵引其他数据共享面来说，问题涉及区域或职能部门单一的社会诉求数据牵引的数据共享面较窄，而跨区域、跨部门的社会诉求数据牵引的数据共享面较广。从牵引其他数据共享强度来说，区域复现、内容复现及公众反映强烈的社会诉求数据极大增强了对其他数据的牵引强度，而常规社会诉求数据牵引力度相对较弱。2020年3月初，成都大部分市民已经复工复产，两周时间内成都市网络理政平台接到相关诉求达到了5688件，问题主要集中在疫情严控之下如何安全复工复产、如何抓好春耕备耕保障粮食生产和相关部门对资金的安排等方面[②]，这些问

[①] 王芳,杨京,徐路路.面向火灾应急管理的本体构建研究[J].情报学报,2020(9):914-925.
[②] 网络问政·真情面对(第三期 2020年3月)——抗击疫情·成都在行动——聚焦"复工"(二)[EB/OL].(2020-03-11)[2022-12-03]. http://12345.chengdu.gov.cn/wllzwg?id=201090&infoID=755.

题集中反映了公众的诉求,极大增强了对其他数据资源的牵引强度。

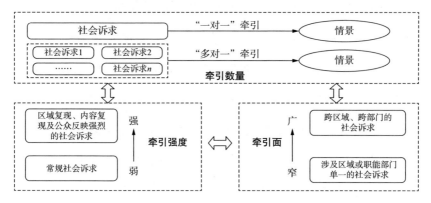

图6-2　社会诉求数据对应急准备工作的多层面牵引

总之,借助多种渠道,成都市网络理政办公室通过数据标注拓展、应急信息抽取和风险预判完成应急准备工作。在成都市网络理政平台、客观知识体系和"数据-决策一体化"决策机制的支撑下,社会诉求数据全过程、全局性和多层面牵引其他信息资源,共同完成应急准备工作,体现出其在智慧应急决策中具有风险预警的数据价值。

二、风险评估阶段:社会诉求数据激活情景分析和情景推演

在风险评估阶段,对突发事件情报资源的有序组织与动态聚合可提高情景应对的智能化水平与快速响应能力[①]。社会诉求

[①] 姚乐野,范炜.突发事件应急管理中的情报本征机理研究[J].图书情报工作,2014(23):6-11.

数据是一种真实性强的问题事实型数据，本身就可以减少应急决策时的信息模糊性，更重要的是，成都市政务热线数据分析部门通过对社会诉求数据进行情报研判和情报资源融合[①]，激活内外部数据资源关联应用，并进行重点情景的情景分析和情景推演，进而实现社会诉求数据的决策支持价值。社会诉求数据的激活方式主要分为以下两种：

第一，内部激活，即通过横向和纵向激活社会诉求数据内部的关联应用，实现基于社会诉求数据的多维度情景分析。成都市网络理政办公室主要从横向和纵向两个维度进行数据内部钻研，其中横向的数据分析是从诉求性质和诉求内容相似性角度对数据进行类型划分，并提取重点情景的情景要素；纵向的数据钻探是从历时性角度考察重点情景之间情景要素的关联，描绘重点情景的演变脉络。

基于社会诉求数据的横向数据关联应用，成都市网络理政办公室对重点情景展开分析。一方面，成都市网络理政办公室依据社会诉求的诉求性质和诉求内容对重点情景进行分类。成都市疫情防控期间的社会诉求涉及咨询、求助等诉求类型，并涉及健康码管理、医疗救治等主题内容。每个主题内容下又可以根据具体内容进一步划分子主题。另一方面，成都市网络理政办公室对重点情景的情景要素进行多阶段提取。第一阶段，

---

① 李桂华, 林思妍. 基于社会诉求数据的智慧应急体系研究 [J]. 情报理论与实践, 2022(5): 123-132.

从所有汇集的社会诉求数据中总结归纳多个重点情景；第二阶段，将单个重点情景拆解，提取其中最基本的要素信息；第三阶段，通过总结归纳这些基本要素，进而得出重点情景的环境要素、致灾因子、承灾体要素（见图6-3）。

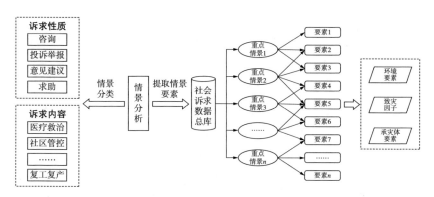

图6-3 基于社会诉求数据的横向情景分析

纵向关联应用是从历时性角度考察重点情景之间情景要素的关系，描绘重点情景的发展脉络。成都市2020年初的疫情发生情景为2020年1月21日，成都市确诊首例输入性新冠肺炎病例[①]；发展情景有多个，比如2020年1月30日，成都市新增10例新冠肺炎确诊病例[②]；演化情景是在发展情景的基础上，因为各系统的关联性而引发的其他次生突发事件，包括防护物资

---

① 国家卫生健康委确认我市首例输入性新型冠状病毒感染的肺炎确诊病例[EB/OL].(2020-01-21)[2023-04-03]. http://cdwjw.chengdu.gov.cn/cdwjw/gzdt/2020-01/21/content_9735105cbb944efdb534f95e9f68f3c5.shtml.
② 成都市新增10例新型冠状病毒感染的肺炎确诊病例[EB/OL].(2020-01-31)[2023-04-03]. http://cdwjw.chengdu.gov.cn/cdwjw/gzdt/2020-01/31/content_fa5c89a86c8f4e94a4d9d67d2871e59e.shtml.

紧缺、复工复产需求、人员管控、网络谣言等；消失情景则是疫情阶段性管控结束后的状态，即 2020 年 3 月 26 日成都全面恢复正常生产生活秩序①（见图 6-4）。

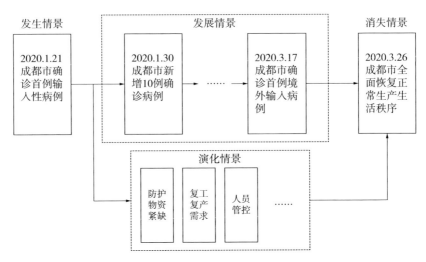

图 6-4　基于社会诉求数据的纵向情景分析

第二，外部激活。特定社会诉求数据可以激活社会诉求数据集合与外部数据的关联应用，形成链式情景推演。成都网络理政办公室将社会诉求数据与历史统计资料、相关领域专家知识经验、国内其他城市案例等信息资源进行关联分析，通过识别重点情景演变的外在驱动力，形成链式情景推演，预测重点情景的演变趋势。首先，针对每个重点情景的初始情景设置多个处置目标和处置措施，随之产生不同的中间情景，如果处置

---

① 成都市新型冠状病毒肺炎疫情防控指挥部通告（第 8 号）[EB/OL]. (2020-03-26)[2023-04-03]. http://cdwjw.chengdu.gov.cn/cdwjw/c135633/2020-03/26/content_0c87878a3a0e4d6d9f084f7101fd2779.shtml.

措施得当，则该重点情景进入结束情景；反之，则需要等环境因素或致灾因子消失才能进入结束情景。其次，识别重点情景演变的外在驱动力，包括环境因素、致灾因子、处置措施等因素。调研资料显示，疫情防控期间，成都市将重点情景识别为疫情输入、防护物资紧缺、人员管控、返蓉管控、复工复产五个情景，每个重点情景又可分为初始情景、中间情景和结束情景。最后，在重点情景演变的链式情景推演基础上，结合历史资料和专家经验，预测重点情景演化的发生概率，从而预测重点情景的演变趋势。

三、风险应对阶段：社会诉求数据助推敏捷决策

应急决策是一种高度非程序化的决策活动[①]，因此应急决策数据对应急决策至关重要。社会诉求关乎民生，社会诉求数据是一种关于民生的决策导向型数据。在风险应对阶段，社会诉求数据的持续产生会强化应急决策部门对风险情景的认知，助推其敏捷决策，这体现了社会诉求数据在应急决策中的信息沟通价值。这一阶段，社会诉求数据对敏捷决策的助推方式有以下几种：

第一，压力式助推。社会诉求数据受理过程公开、受理结果定期通报，这就给应急决策主体带来了双重信息反馈的压力，从而形成约束性敏捷决策。一方面，社会诉求受理的过程

[①] 周超，张毅.论转型期我国城市突发事件应急决策系统之构建[J].湖北经济学院学报（人文社会科学版），2007(4)：56-57.

公开产生了由公众端向政府端的"自下而上"的约束力。当前我国政府管理模式正转向回应型政府模式[①]，而对社会诉求数据反映的民生问题进行回应是回应型政府的要求。疫情防控期间，成都市网络理政办公室延续既往关于社会诉求办理公开的制度，诉求人可在网上全程监督其诉求办理过程和办理结果，这就对政府的回应时间和回应效果形成了"自下而上"的约束力。另一方面，成都市网络理政办公室定期向市政府通报社会诉求数据受理及办理的相关情况，形成了政府部门内部由决策层向执行层"自上而下"的约束力。疫情防控期间，成都市网络理政办公室定期以专题报告的形式向市政府通报并向全社会公开社会诉求受理的相关情况。2020年2月，成都市委书记信箱共受理群众来信1057件，诉求解决率95.15%，满意率95.06%，超期率0.44%，平均回复周期2.57个工作日[②]。这些数据在一定程度上显示了公开社会诉求受理情况对相关职能部门形成的约束力。

第二，任务式助推。成都市网络理政办公室以社会诉求数据为基础，在专题报告中识别重点情景的情景任务，进而促成任务导向的决策应对。首先，这些情景任务综合了公众的意见建议、国内其他城市的案例和经过情景分析及情景推演得出的风险预警信息三个方面的信息源。其次，情景任务以专题报告的形式

[①] 卢坤建.回应型政府：理论基础、内涵与特征[J].学术研究，2009(7)：66-70+138.
[②] 中共成都市委书记信箱2020年2月份数据分析[EB/OL].[2022-09-07]. http://12345.chengdu.gov.cn/sjsituation?month=20_2.

递交给应急决策组织，为应急决策方案的形成提供参考。成都市在疫情防控期间的专题报告中提到的情景任务可分为政策制定与完善、信息公开与解读、措施实施与改进三大类。最后，应急决策组织根据专题报告揭示的重点情景风险情况、情景任务和问题态势，综合运用微信群、三方评议等多种风险沟通形式讨论问题，形成应急决策方案。表 6-3 显示了疫情防控期间成都市以社会诉求数据为基础形成的情景任务及相应的应急决策方案。

表 6-3 基于社会诉求数据的情景任务及应急决策方案

情景任务类别	情景任务	应急决策方案
政策制定与完善	进一步明确外地来蓉人员的隔离标准、生活保障、解除标准和实施流程等	《关于做好新冠肺炎防控期间抵蓉和离蓉人员健康状况证明服务有关事项的通知》（2020.2.14）
	出台扶持政策为企业减负纾困	《有效应对疫情稳定经济运行20条政策措施》（2020.2.6）《关于有效应对新型冠状病毒肺炎疫情维护劳动关系和谐稳定支持企业复工复产有关问题的意见》（2020.2.10）
	出台覆盖全市的物业管理规范，指导小区防控措施	《关于进一步深化社区疫情防控工作的通知》（2020.2.7）
信息公开与解读	辟谣传言	通过"成都发布"微博账号、成都市人民政府网站发布"网传成都封城？谣言"的辟谣信息（2020.1.29）
	公布各类企业复工复产审核流程和验收标准，解答企业疑惑	市住房和城乡建设局部门领导参加成都市《战疫情 直面"回蓉潮"》节目，就农民工回蓉、项目复工等热点问题进行回应（2020.2.2）
	告知权威投诉和求助渠道	成都市疾控中心公布24小时咨询电话（2020.1.26）
措施实施与改进	加强退烧药监管	实体药店、网上药店对购买退烧药的人员必须实名登记（疫情指挥部通告2020年第4号，2020.2.2）
	规范小区防控措施	《关于规范城镇居住小区（院落）防控管理的通知》（2020.2.20）
	为困难群众提供帮助	《关于加强对全市空巢独居老年人、残疾人、散居特困人员等特殊困难群体疫情防控和生活服务保障的紧急通知》（2020.2.8）

第三，循环式助推。应急决策方案实施后，成都市网络理政办公室通过回访诉求人获取其对应急决策方案实施效果的评价与反馈，并及时回应新的诉求，形成持续动态更新的决策优化闭环。疫情防控期间，企业延迟复工导致工资发放成为新的热点诉求领域，成都市政府多次对有关政策措施实施效果进行回访，并根据反馈结果对决策方案进行动态式调整。例如，2020年2月6日，成都市出台《有效应对疫情稳定经济运行20条政策措施》（以下简称"20条"），对工资报酬发放问题提出了指导意见。由于该问题涉及面广，涉及部门较多，所以在"20条"公布的第二天，即2020年2月7日，有关公布该文件实施细则的社会诉求持续增多，以社会诉求数据为基础的专题报告基于此向相关部门提出主动就劳动报酬发放问题进行解读的建议。2020年2月10日，成都市人社局等相关部门出台解读文件，明确了疫情防控期间的工资待遇发放的实施细则[1]。

综上，在风险应对阶段，社会诉求数据在自身数据处理制度的约束下，以专题报告等形式助推敏捷决策，展现了社会诉求数据在应急决策中的信息沟通价值。

---

[1] 关于有效应对新型冠状病毒肺炎疫情维护劳动关系和谐稳定支持企业复工复产有关问题的意见 [EB/OL].[2022-09-07]. http://www.chengdu.gov.cn/chengdu/c135891/2020-02/12/content_e598c7132cf04ba5b30cb30b8755b675.shtml.

第四节 社会诉求数据对"情景-应对"应急决策的作用

本书选取成都市在疫情防控期间的应对实践为案例，阐释社会诉求数据在"情景-应对"应急决策应用中的数据价值及价值实现路径，在如下方面增进了与既有研究的对话。

第一，将社会诉求数据分为风险信号型数据、问题事实型数据、决策导向型数据，并以此为着眼点，总结社会诉求数据在应急决策中的风险预警、决策支持和信息沟通等数据价值。从数据特征视角阐释了社会诉求数据在应急决策中的数据价值，开阔了当前"情景-应对"应急决策信息源的研究视野，丰富了社会诉求数据在应急决策中应用的合理性解释。

第二，系统揭示了社会诉求数据运用于应急决策过程的实现路径。社会诉求数据在"情景-应对"应急决策方法的指引下，通过牵引、激活、助推方式贯通应急准备、情景分析和情景推演、决策应对过程。指出由社会诉求数据作用于其他信息源从而释放数据价值的价值实现路径，增进了对社会诉求数据在整体应急决策信息源中数据价值的理解。

进一步而言，本研究在探究社会诉求数据应用于应急决策领域的过程中具有以下发现：

第一，社会诉求数据的应用重塑应急决策信息融合过程。有别于物理感知的实时类数据，社会诉求数据的引入充实了应急决策信息融合的内容,丰富了应急决策信息资源类型;社会诉求数据以牵引、激活、助推等方式贯穿应急决策全过程,形成以社会诉求数据为中心的应急决策信息结构。

第二,社会诉求数据的应用助力应急决策效率跃升。来源于受灾体的社会诉求数据可以动态传送突发事件的实时情景信息,强化应急决策者的风险感知能力;进一步,对社会诉求数据内外部数据关联分析构成了纵横双向情景分析和链式情景推演,有效提升风险评估的可用性;而且,社会诉求数据生产主体同时也是应急决策的客体,可促使应急决策主体实施更为敏捷和更为精准的风险应对行为。

以上研究结论和研究发现可以为我国社会诉求数据在智慧应急中的应用提供一些启示。

第一,在理念上,应急决策者应重视社会诉求数据在智慧应急中的应用。社会诉求数据是契合智慧应急理念的应急信息资源,通过收集和研判社会诉求数据能有效促进智慧应急的发展。社会诉求数据具有风险预警、决策支持和信息沟通的数据价值。目前我国地方政府对社会诉求数据的应用和开发大多处于初级阶段,社会诉求数据的应用领域有限,社会诉求数据的数据价值尚未完全释放。因此,从理念上,政府应重视社会诉求数据的应用领域拓展,特别是依据社会诉求数据的特征,将其纳入智慧应急的信息资源池,发挥其应急管理的数据价值。

第二,在方法上,社会诉求数据管理部门应提升社会诉求数据与其他信息资源的融合水平。社会诉求数据通过牵引、激活与助推等方式作用于其他应急信息资源，从而实现其在智慧应急领域的数据价值。目前我国地方政府在社会诉求数据与其他信息资源的信息融合水平上有待提升，应加强社会诉求数据与案例库、知识库、基础数据库等信息资源的信息融合，形成以社会诉求数据为线索的突发事件信息资源专题库，以此促进社会诉求数据实现在智慧应急中的数据价值。

虽然数据赋能"情景-应对"应急决策的研究和实践还处于起步阶段，但社会诉求数据等新型数据在"情景-应对"应急决策应用的理论探讨为我国应急决策信息源体系的构建、实施和应用提供了框架。未来研究可在两个方面继续深入：一是数据运用于"情景-应对"应急决策过程中的决策方案优化模型等技术实现问题；二是社会诉求数据等新型数据应用于应急决策的长效机制。

第七章　数据赋能智慧应急决策体系

本章围绕如何构建数据赋能的智慧应急决策体系，选择典型城市，对其数据赋能智慧应急决策实践进行剖析，探索数据赋能智慧应急决策体系的构建路径。

第一节　数据赋能智慧应急决策体系概述

一、数据赋能智慧应急决策体系的构建需求

智慧应急是应急管理信息化的升级版，是实现应急管理能力现代化的关键举措[1]。应急管理正在走向智慧应急，而智慧应急本质上是以决策为中心的情报资源转化和应用系统。智慧应急决策对数据、信息及其中的情报元素更加依赖，而智慧应急建设则以应急信息利用能力的提升为基础。

数据已然成为智慧应急决策的核心资源，赋能应急决策的资源组织、协调和应用。应急决策是突发事件应急管理的核心内容，决策质量关系着突发事件应急响应的成败。随着社会

---

[1] 应急管理部召开"智慧应急"建设现场推进会 [EB/OL]. (2020-11-07)[2020-04-28]. https://www.mem.gov.cn/xw/bndt/202011/t20201107_371469.shtml.

的发展，各类突发事件应急决策环境比以往更为复杂，时间紧迫、信息不足等限制性条件也阻碍着政府的精准决策。随着各地数字政府的建设，我国政府数据能力得到很大提高，数据资源也越来越成为降低应急决策过程中不确定性的关键资源，在突发公共事件应对中发挥前所未有的重大作用。一方面，大数据助力打破应急决策的信息瓶颈，让决策者及时获取突发事件的时空分布和演化规律等信息，使得应急决策更具洞察力和精准性。另一方面，大数据和互联网的应用为社会公众等多元主体参与应急管理提供便利，有效促进应急决策的民主化和科学化。大数据为智慧应急决策提供了宝贵的数据资源、分析手段，推动决策模式变化，也必将带来应急决策体系的变革。

建立数据赋能的智慧应急决策体系是提升应急决策能力的必要之举。要有效应对复杂性增强的突发公共事件，亟需通过数据的嵌入和赋能，实现智慧应急决策能力的提升。虽然随着数字政府的建设，政府数据能力得到提升，但是各地数据资源在支撑智慧应急决策方面仍然存在如下问题：第一，信息网络和应急业务网络未有效叠加，各级政府应急管理部门基础设施建设仍较难满足有效处置突发事件的需求，数据要素未有效融入既有的应急管理结构和制度；第二，应急管理主要采取"点"状的工作模式，而非整体"面"上的工作模式，主体间资源统筹和协同困难，尚未形成统一、整体的应急管理体系。以上问题在复杂的突发公共事件的应急决策中尤为突出。因此，探索数据赋能智慧应急决策体系成为当前的迫切需求，也是提升政府应急决策能力的必经之路。

智慧应急决策是强调运用新一代信息技术收集、处理信息并将其运用于应急行动方案制定的智慧型应急管理过程。体系是由多个系统或复杂系统组合而成的大系统。在不同领域和应用背景中，体系的定义有所不同，但学界大多认同体系是系统的连接，以各系统的演化发展、协同与优化为目的，以最终达到提高整体效能的宗旨[①]。由此我们不难推断出，智慧应急决策体系是指，为了应对突发事件，在有限的时间和资源条件下收集处理相关信息、制定实施行动方案的过程中由多个复杂系统形成的有机整体。而数据赋能强调借助外在技术力量，利用数据来推动工作，从而形成由数据转化的洞察力、理解力和行动力。综上所述，数据赋能智慧应急决策体系是指，数据及相关技术推动应急决策方案制定和实施过程中所涉及的组织、业务、制度等要素组成的有机整体。随着数据成为智慧应急决策的核心资源要素，构建数据赋能智慧应急决策体系就成为有效提升复杂突发公共事件应急决策能力的重要举措。

二、数据赋能智慧应急决策的理论基础与应用

经过对相关文献的梳理，与数据赋能智慧应急决策相关的基本理论有风险管理理论、情报链理论、治理理论。

---

① 顾基发.系统工程新发展——体系[J].科技导报,2018(20):10-19.

(一)风险管理理论

风险管理理论起源于企业管理研究领域。早在19世纪，西方古典经济学家就认为风险其实是生产经营活动的副产品[1]。目前学界对于风险的定义尚未达成一致，不同领域的学者给出不同的定义，但都强调了不确定性。美国经济学家F. H. 奈特认为，风险是"可测定的不确定性"[2]。随着风险研究视域的进一步拓展，风险被认为与自然和社会事件的随机性、不可控性、不可知性关联，而风险事件则是对人类及其生存环境造成不利后果的事件[3]。为了避免风险事件发生的不良后果，人们运用管理科学的方法来规避风险，风险管理应运而生。风险管理是运用管理科学的方法对风险进行管控的过程。对于风险管理的过程，具有代表性的定义是英国国家标准BS 8444给出的，它指出，风险管理的过程是一个由风险辨识、风险评估、风险测量和风险响应构成的循环系统[4]。本章借鉴风险管理理论中的风险管理核心过程，即风险感知、风险评估、风险应对，梳理智慧应急决策的业务流程。

(二)情报链理论

情报链理论也被称为信息链理论，阐述了事实、数据、信

---

[1] FISCHHOFF B. Managing risk perceptions[J].Issues in science and technology, 1985(2): 83-96.
[2] KNIGHT FRANK H. Risk, uncertainty and profit[M]. Cambridge: The Riverside Press, 1921.
[3] 李娜,王艳艳,王静,等.洪水风险管理理论与技术[J].中国防汛抗旱,2022(1): 54-62.
[4] 汪忠,黄瑞华.国外风险管理研究的理论、方法及其进展[J].外国经济与管理,2005(2): 25-31.

息、知识、情报和智能等要素之间的关系,描述了情报的形成和应用过程。情报链理论认为,事实和数据需要经过层层转化才能实现情报价值。对于情报链的构成,学界提出了不同的观点,有三要素说(数据、信息、情报)[1]、五要素说(事实、数据、信息、知识、情报)[2]和六要素说(事实、信息、资料、情报、知识、智能[3],或者数据、信息、知识、情报、决策、价值[4])。这些观点虽然表述不同,但是一般都认为数据需要经过层层转化才能获得情报价值,并服务于决策。也就是说,数据需要经过加工(过滤、组织和归纳)并被赋予明确的意义,才有可能转化为情报[5]。数据赋能智慧应急决策的过程就是情报链理论中数据历经层层转化,最终为决策提供依据的过程。

(三)治理理论

治理理论的先驱是詹姆斯·N.罗西瑙(James N. Rosenau),他认为,治理产生于利益冲突、竞争、协调的过程,是一种实现共同目标的活动,且活动主体并不一定是政府,也不需要依

---

[1] 化柏林,郑彦宁.情报转化理论(上):从数据到信息的转化[J].情报理论与实践,2012(3):1-4.
[2] 梁战平.情报学和情报工作的发展趋势[J].图书情报工作,2009(2):5-7.
[3] 霍忠文,阎旭军."情报"、"Informagence"与"Infotelligence"——科技情报工作科学技术属性再思考[J].情报理论与实践,2002(1):1-5.
[4] 田杰,罗志宏.情报学的研究对象及学科独立性探讨[J].情报杂志,2013(12):54-57.
[5] 化柏林,郑彦宁.情报转化理论(上):从数据到信息的转化[J].情报理论与实践,2012(3):1-4.

靠国家强制力作为保障①。在明确了治理的本质之后，英国学者罗伯特·罗茨（Robert Rhoads）提出治理的六种基本形式：最小国家的治理、公司的治理、新公共管理的治理、善治的治理、无中心的治理、自组织网络的治理②。我国学者俞可平指出，"治理"有四个基本特征：治理是过程而非规则或活动；治理过程的基础是协调而不是控制；治理同时涉及公私部门；治理是持续的互动③。总体来说，治理理论强调的是多方参与，政府并非治理过程的唯一主体，市场、社会和个人也是治理的重要主体。治理理论为数据赋能智慧应急决策体系研究提供了多元参与应急决策的视角。

第二节 分析框架和案例选择

一、分析框架

虽然上述理论为认识数据赋能智慧应急决策体系的建构提供了研究基础，但是数据赋能视角下的智慧应急决策体系构建问题涉及的要素众多，层次复杂，单个理论无法提供完整的分析，因此需要构建针对数据赋能视角下智慧应急决策体系构建的分析框架。

---

① 罗西瑙. 没有政府的治理：世界政治中的秩序与变革[M]. 张胜军, 刘小林, 等, 译. 南昌：江西人民出版社, 2001：9.
② 罗茨. 新的治理[J]. 木易, 编译. 马克思主义与现实, 1999(5): 42-48.
③ 俞可平. 治理与善治[M]. 北京：社会科学文献出版社, 2000.

基于风险管理理论、情报链理论、治理理论,通过规范分析,本书提出了数据赋能智慧应急决策体系构建的分析框架(如图7-1)。该分析框架从组织层、业务层、支撑层三个层面分析应急决策中的组织、过程、技术、制度要素。

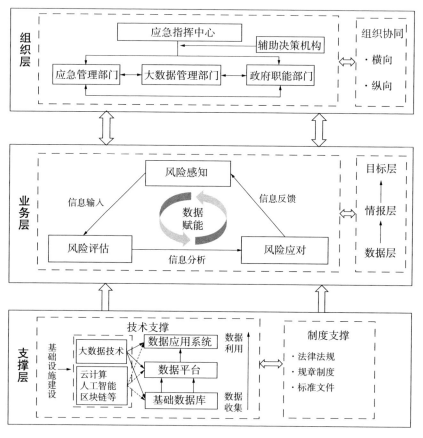

图7-1 数据赋能智慧应急决策体系构建的分析框架

（一）决策组织层的机构协作和互动

面对重大公共危机事件，智慧应急决策需要政府内各机构协同决策。应急指挥中心须统筹应急管理部门、大数据管理部门和政府职能部门等机构，各部门通过横向和纵向的资源整合，形成协作决策机制。组织协同是资源共享和业务开展的基础，各机构通过目标、数据、制度、资源等方面的协同，完成突发事件下的协作作业。

（二）决策业务层的数据应用与服务

应急决策实质是识别并应对突发事件风险的过程。基于风险管理理论，智慧应急决策业务过程可分为风险感知、风险评估、风险应对阶段。在突发事件应对过程中，参与应急决策的组织间存在大量数据互动，包括信息输入、信息整合、信息分析、信息反馈等，使得决策空间与信息空间交叠，数据流在决策过程中实际上发挥了赋能作用。

此外，决策业务层旨在探索数据如何赋能智慧应急决策，其核心是数据实现应急情报价值的过程，即通过数据汇聚和情报提取辅助智慧应急决策。基于情报链理论，该过程遵循"数据→情报→决策目标"的逻辑。因此，本书从数据、情报、目标三个层次展开对应急决策业务的分析。首先，充分的数据获取和对数据的深度应用是数据赋能智慧应急决策的基础。本书从数据层面观察在各阶段数据经过怎样的处理以支撑其增值转化。其次，对于情报层，因为数据应用于智慧应急决策的三个阶段发挥着不同的情报价值,所以本书从情报层面观察在各阶段数据的情报价值以及价值的实现流程。最后,对于目标层,数据转化的情报产品将服务于决策目标。本书按照智慧应急决策的三个核心过程,即风险感知、风险评估、风险应对,对数据应急价值实现过程进行阶段划分,并观察各阶段的具体任务对象。

(三)决策支撑层的制度支撑和技术支撑

应急决策的支撑层包括制度支撑和技术支撑。法律法规、规章制度、标准文件为智慧应急决策及数据应用提供了制度支撑,而大数据技术、云计算、人工智能、区块链等技术则为智慧应急决策提供了技术支撑。这些现代信息技术以数字政府的基础数据库为基础,推动各类数据平台、数据应用系统的建设,以支撑决策组织有效开展智慧应急决策活动。

二、案例选择

为了更好地契合研究问题,我们采用了案例研究法对典型城市的数据赋能智慧应急决策实践进行剖析,以此解析数据赋能智慧应急决策体系的构成要素及要素之间的关系。案例研究法是针对具有代表性的案例进行深入探索,剖析现象的内在机理和运行逻辑的研究方法。归纳式的案例研究能提供丰富的材料,适用于揭示现象背后复杂动态的机制。此外,相比于单个案例,多案例研究可应用"复制逻辑",深入观察多种现实情境下的活动,提供更为清晰全面的解释,从而增强研究结论的普适性、稳健性。

(一) 案例对象

我们以北京、成都、广州的政务热线体系(见表7-1)为案例对象分析新冠疫情期间社会诉求数据赋能智慧应急决策的实践,从而剖析数据赋能智慧应急决策体系的构成要素及要素之间的关系。选择社会诉求数据为切入口,探究数据赋能智慧应急决策的原因在于:首先,随着各地数字政府建设的不断推进,应急数据源日益丰富,社会诉求数据就是其中具有巨大应急决策价值的一类政府数据。其次,社会诉求数据是以事实型数据为主的即时性外部社会信号,能有效反映应急情景下的社会风险和矛盾,具有强烈的决策指向性。此外,社会诉求数据是一种"众包"的应急数据,具有公共性和开放性,是多主体情报资源的交汇,能够为智慧应急决策提供源源不断的情报资源。最后,在抗击疫情的过程中,我国主要的城市已经开始深度开发社会诉求数据并将其运用于智慧应急体系建设,这为我们开展研究提供了很好的基础。

表 7-1 案例城市政务热线体系的基本情况

	管理部门	简要介绍	新冠疫情相关实践
北京	北京市市民热线服务中心	2019年1月,北京开始进行"接诉即办"改革,强调通过"党建引领""资源下沉",牵引超大城市基层治理发展	建立心理咨询、疫情监督举报热线,形成疫情信息滚动报送机制,设置企业热线,增设复工复产专席等
成都	成都市政务服务管理和网络理政办公室	2016年底,成都开始构建统一网络理政平台,以"信息惠民"为抓手,推进"社会诉求,一键响应",赋能政府决策和社会治理	开通心理疏导热线,策划《抗击疫情·成都在行动》系列节目,建立疫情紧急诉求响应机制等

(续表)

	管理部门	简要介绍	新冠疫情相关实践
广州	广州12345政府服务热线受理中心	2014年1月,广州12345政府服务热线开始运行,以"便民、智能、高效"为服务宗旨,致力于推进"一号接听、有呼必应"的标准化服务体系	开通企业服务专线,建设疫情分析数据池,微信公众号增设"疫情线索上报"专栏等

选取北京、成都、广州这三个城市的主要原因包括：第一，社会诉求数据主要依托各地政务热线体系，而在2020年全国12345政务热线运行质量及服务水平调研中，北京排名全国第一，成都、广州位列第一梯队[①]，并且三个城市都在新冠疫情期间将社会诉求处理与应急决策相结合，其实践具备先进性和典型性。第二，北京、成都、广州分别是北方地区、西南地区和东南地区的重要城市，区位特征差异有助于实现多案例之间的深度比较，以获取更为清晰全面的解释。第三，三个案例城市的信息公开程度较高，数据资料可获得性较强。

本章案例的数据收集遵循"多源策略"，通过多源数据对比支撑形成"三角验证"，以保证案例分析的信度和效度。案例研究的数据主要来源包含一手资料和二手资料：一手资料来源于对案例城市政务热线体系工作人员的深度访谈，以及对政务热线体系的实际体验和观察；二手资料包括案例城市相关网站资料、档案文件、媒体报道、研究文献等，共计200余份资料。在对多源资料分类整理的基础上，我们对收集的数据进行编码，即将数据提炼为概念和范畴并分析范畴间的联系。

---

① 2020最新12345政务热线测评成果——前十再现黑马[EB/OL].(2020-07-29)[2022-04-28]. https://www.sohu.com/a/410449521_682144.

（二）案例对象实践概况

1. 北京市社会诉求数据赋能智慧应急决策概况

2019年1月，北京市开始实行"接诉即办"。接诉即办是以12345市民服务热线为主渠道的群众诉求快速响应机制。"接诉"强调通过集约化平台接收社会诉求；"即办"则指市民热线服务中心及时将诉求下派到基层部门、街道乡镇，使得诉求问题在基层化解。北京"接诉即办"工作机制已然形成接诉、分类、办理、反馈、预警的全流程闭环管理。

2020年，北京"接诉即办"受理疫情防控相关诉求107.7万件[1]，在疫情暴发期每日接办疫情诉求近万条，成为疫情防控一线。在此期间，北京建立了汇聚、分析和应用社会诉求数据的创新机制，实现社会诉求数据赋能智慧应急治理。2020年1月27日，北京12345正式开通"卫生健康专家咨询"专线，并相继开通疫情监督举报专线、企业复工复产专席等专线，增设北京政务头条号等网络渠道，以扩展诉求数据的来源。此外，北京建立每日疫情信息滚动报送机制[2]，通过分析诉求数据并梳理共性、紧急性问题，向市委、市政府、社区防控组等部门报送《市民热线反映》等报告，报告提出的"放宽车辆限行

---

[1] 北京举行2020年北京市"接诉即办"改革工作新闻发布会[EB/OL].(2021-01-08)[2021-09-20]. http://www.scio.gov.cn/xwfbh/gssxwfbh/xwfbh/beijing/Document/1696687/1696687.htm.

[2] 王军.接诉即办：北京提升超大城市治理水平的创新实践[J].北京党史,2020(2): 52-56.

政策"等建议被疫情防控部门采纳[①]。

2.成都市社会诉求数据赋能智慧应急决策概况

2016年12月,成都网络理政平台上线运行,在此基础上成都搭建12345热线、网络信箱、微信微博、移动客户端等多渠道一体化的社会诉求受理体系(参见表7-1)。新冠疫情发生后,成都市疫情防控指挥部设立在成都市网络理政办公室的网络理政中心,成都市网络理政办公室启动疫情防控的应急工作机制,为疫情的应急响应提供数据支撑。

新冠疫情暴发到2020年3月下旬,成都市网络理政平台受理疫情相关诉求近10万件[②]。成都市网络理政办公室采取了一系列基于社会诉求数据的应急措施:增设心理咨询专线,建立疫情诉求紧急办理制度,加强应急状态的诉求数据采集;横向与卫健委、其他市级部门建立疫情数据联动机制,纵向建立省、市、县三级防疫数据交换机制,促进应急数据的流通;强化社会诉求数据的分析报告机制,引入智库团队对社会诉求数据进行监测和研判,并以日报、疫情防控专报等形式报送市领导和疫情防控小组。截止到2020年4月30日,智库团队形成专项报告44期,提出125条政策建议,其中有47条被转化为

---

① 12345接电量猛增,638名话务员在岗全天候接听[EB/OL].(2020-02-04)[2021-09-20]. https://baijiahao.baidu.com/s?id=1657591746697211994&wfr=spider&for=pc.
② 回应民生关切 助力抗疫发展双胜利[EB/OL].(2020-04-08)[2021-09-20]. http://www.scjgdj.gov.cn/kjyq/202004/79189.html.

疫情防控决策[①]。

3. 广州市社会诉求数据赋能智慧应急决策概况

2014年1月，广州12345政府服务热线正式上线运行，并逐步开通微信公众号、小程序、穗好办APP等互联网渠道，建立市、区、街（镇）三级热线管理架构，形成多渠道一体化的服务体系（参见表7-1）。广州12345热线积极探索数据管理的有效机制，通过挖掘社会诉求数据的价值，助力城市智慧治理。

在新冠疫情期间，广州秉持"以快制疫、以数治理"的理念，积极推进基于社会诉求数据的应急响应机制创新，为疫情精准防控提供支撑。新冠疫情暴发到2020年12月9日，广州12345热线受理疫情相关事项54.06万件[②]。广州12345热线快速建立应急响应机制，通过在微信公众号上线"疫情线索上报"专栏、启用重大突发公共卫生事件一级响应语音导航IVR菜单、开通疫情诉求的快速通道、更新疫情知识库等举措，保障社会诉求数据的汇聚通道。同时，通过智能坐席助手、工单智能转派系统有效实现社会诉求数据的处理和传送。此外，广州12345热线还建立了疫情分析数据池，依托城市治理投诉大数据分析共享平台，深度挖掘社会诉求数据的情报价值，输出复工复产等热点专刊为疫情防控部门提供数据支撑。

---

① 冯翼，徐霁，李金兆."三位一体"决策机制研究——以防控新冠疫情期间成都公众诉求参与政府决策为例[J]. 信息化建设，2021(7)：56-59.
② 12345热线受理诉求增六成[EB/OL].(2020-12-10)[2021-09-20]. http://www.gz.gov.cn/xw/jrgz/content/post_6959649.html.

第三节 案例分析

根据以上分析，三个案例城市初步形成了社会诉求数据采集、分析并应用于应急决策的创新实践，通过挖掘社会诉求数据的情报价值，赋能疫情智慧应急决策。根据第二节建立的数据赋能智慧应急决策体系构建的分析框架，本节将从业务层、组织层、支撑层三个层面，对收集的资料进行编码和归纳，以解构社会诉求数据赋能智慧应急决策所涉及的要素及要素之间的关系。

一、数据赋能智慧应急决策的业务流程

对于数据赋能智慧应急决策的业务流程，我们主要从风险感知、风险评估、风险应对这几个核心阶段分析案例城市将社会诉求数据运用于智慧应急决策的流程。数据赋能智慧应急决策的过程也是数据实现情报转化以服务决策目标的过程，因此我们从数据层、情报层、目标层三个层次对每个业务阶段进行观察和分析。

（一）风险感知阶段

突发事件的应急决策面临时间紧迫、决策成效不确定等不利因素。风险感知是应急决策的起点。我们对案例城市在风险感知阶段运用社会诉求数据的资料进行编码，并识别出以下范畴和概念（参见表7-2）：

表 7-2 风险感知阶段的范畴概念和资料举例

层级	范畴	初始概念	资料举例
目标层	风险信息采集	风险问题反映	接诉即办在搜集社会信息上发挥一线作用,市民反映的问题与疫情防控相关(A1)
		疫情信息收集	疫情防控期间,政务热线成为疫情信息传播、收集的重要渠道(C2)
	风险信息汇聚	高风险诉求归集	社会诉求归集率为80%—90%,汇集了社会大部分的"负面情绪"(B4)
情报层	情报汇聚	一体化平台	我们在技术上搭建了网络理政社会诉求回应平台,作为各渠道数据资源归集和整合的基础(B4)
		资源池	搭建全市统一的热线数据库;疫情防控期间建立疫情数据分析资源池(C1、C3)
	知识联通	知识库更新	热线知识库与政府部门网站进行对接,各类疫情相关政策信息实时汇聚知识库(A1)
		知识库扩容	及时梳理企业咨询问题清单、设置问答情景,并纳入12345企业热线知识库(A1)
数据层	渠道扩展	开通疫情专线	开通卫生健康咨询专线、疫情防控专门监督举报热线、涉外防疫服务专线等(A1)
		增设网络渠道	热线微信公众号开通疫情线索上报(C3);相继开通微信、微博、APP等15个网络渠道(A1)
	自动化采集	市民自助填单	市民通过网络渠道自助下单,市民按提示填写诉求信息并上传图片等补充资料,提交即可(C1)
		数据自动归集	网络渠道如微信、天府市民云等,通过端口,这些渠道的数据自动汇聚到平台中(B4)
	标准化采集	制定工单模版	根据疫情事项分类制定工单模板;工单模板给出工单填写选项(C2、C3)
		提供应答口径	热线知识库将办事指南、政策法规、政策解读等信息整理,为话务员提供一致的应答口径(B3)

注:括号中,字母 A、B、C 代表北京、成都、广州的数据;数字 1—4 代表不同数据来源,1 是社交媒体、网站资料,2 是研究文献资料,3 是政府官网、工作报告等资料,4 是访谈资料。

目标层:风险感知阶段的目标主要涉及风险信息采集和风险信息汇聚两个范畴。即在风险感知阶段,案例城市的热线管理部门对各区域、各时间段与突发事件相关的诉求信息进行收集和汇聚。

情报层:风险感知阶段主要涉及情报汇聚、知识联通等情报获取范畴。情报汇聚体现为案例城市的热线管理部门通过一体化平台（例如北京12345热线平台、成都市网络理政平台），以实现多渠道情报资源的定向汇集；以及案例城市的热线管理部门通过构建情报资源池，以实现多源情报资源整合。知识联通体现为案例城市的热线管理部门将热线知识库与政府网站进行对接，以实现知识实时更新；以及案例城市的热线管理部门在热线知识库中新增疫情相关知识，以促进知识与新增情报信息的"化学反应"。

数据层：风险感知阶段主要涉及渠道扩展、自动化采集、标准化采集等数据收集相关范畴。渠道扩展体现为案例城市的热线管理部门开通疫情专线，以及增设微信公众号线索上报、APP等网络渠道。网络渠道的开通意味着社会公众可以随时随地通过互联网渠道实现诉求自助填写，而热线后台能够根据公众填写的标准化数据维度（如诉求类型、诉求内容、联系方式），实现多终端数据自动化归集。标准化采集体现为，案例城市的热线管理部门根据疫情事项工单模板以及热线知识库的解答，实现标准化的数据采集。

在风险感知阶段，案例城市的热线管理部门在多渠道数据源的基础上，开展基于网络渠道的自动化采集，以及基于知识库的热线标准化采集；并通过知识库扩容和更新促进数据与知识联通，为数据转化为情报奠定良好基础。不同数据来源和采集方式为数据融合带来挑战，而案例城市的热线管理部门依托一体化采集平台实现资源汇聚，使得社会诉求数据不断进入应急情报资源池（参见图7-2）。由此，案例城市的热线管理部门通过对社会诉求数据的处理实现了风险信息的采集和汇聚的目标。该过程体现出如下特征：第一，全面化。案例城市都已构建包括12345热线、网站、微信微博、APP等多渠道体系，而多渠道数据来源能保证数据采集的全面性。第二，精准化。案例城市的热线知识库提供疫情相关知识、应答口径等，助力热线管理部门及时获取社会诉求事件的各方面信息，以保证数据采集的准确性。第三，高效化。案例城市的热线管理部门通过网络渠道实现诉求数据自动录入和自动归集，并且基于一体化采集平台，实现应急情境下诉求数据的高效采集和汇聚。由此，案例城市通过全面化、精准化、高效化采集海量社会诉求数据，让诉求数据不断进入应急情报资源池，从而实现对突发事件风险的智慧感知。

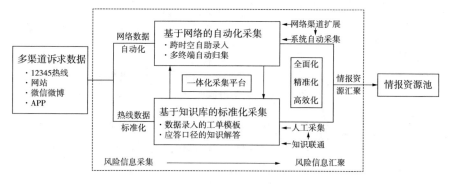

图7-2 社会诉求数据赋能的风险感知

（二）风险评估阶段

风险评估是指风险管理者对突发事件风险信息进行辨认、评价的过程。从情报视角而言，该过程是以情报锻造和决策服务为目标的资源传递和转化过程，是数据赋能智慧应急决策的核心阶段。风险评估阶段主要包括风险识别、风险分析和风险沟通环节。

1. 风险识别环节

通过对案例城市在风险识别环节运用社会诉求数据相关资料的编码，我们识别出以下范畴和概念（参见表7-3）：

表7-3 风险识别环节的范畴概念和资料举例

层级	范畴	初始概念	资料举例
目标层	风险辨认	风险问题发现	市民诉求的负面情绪较多，报忧不报喜，政府才能发现风险问题（B4）
		紧急诉求识别	疫情防控期间，我们对涉及公共安全、极端和有隐患的诉求高度重视，视作紧急诉求办理（B4）
	风险描述	隐患描述	话务人员对市民诉求进行归纳，然后说可能存在的隐患（B4）
		问题梳理	话务员将诉求核实清楚、梳理成材料（A1）
情报层	情报抽取	要素抽取	话务员需要识别问题分类、事发时间、事发地点、涉事主体等诉求内容（B4）
		诉求提炼	话务员对诉求进行提炼和整体把握，再匹配相应承办部门（B4）
	情报识别	疫情情报筛选	对疫情诉求进行特殊标记，进行特殊处理，制定各类疫情事项标签，方便后续的查询和统计（C1）
		无效诉求过滤	对部分网民提出的无效诉求进行判别和引导，避免无效工作（B2、B4）
数据层	数据结构化	数据整合	通话结束后，对记录的内容进行归纳和补充（A1）
		敏感数据过滤	根据关键词分析留言和语音，抽取敏感内容（C2）
	数据特征化	构建分类清单	对诉求的分类包括诉求类型、紧急程度等，疫情防控期间新增了疫情标注，例如天府健康码等（B4）
		关键信息抽取	在登记工单过程中，智能软件能协助实现关键信息抽取（C1）

(续表)

层级	范畴	初始概念	资料举例
	人机协作	信息自动填充	上线智能坐席助手，通过机器学习进行实体和关系识别，实现工单信息自动填充（C3）
		诉求分类推荐	升级智能来电的分类推荐功能，减轻人工负担（A1）

注：括号中，字母A、B、C代表北京、成都、广州的数据；数字1—4代表不同数据来源，1是社交媒体、网站资料，2是研究文献资料，3是政府官网、工作报告等资料，4是访谈资料。

目标层：风险识别环节的目标主要涉及风险辨认和风险描述两个范畴。风险辨认体现为案例城市的热线管理部门对明确或潜在风险信息进行辨识，而风险描述则强调案例城市的热线管理部门对风险源、风险事件等风险要素进行描述。

情报层：风险识别环节主要涉及情报抽取、情报识别等情报处理相关范畴。情报抽取体现为，案例城市的热线管理部门在诉求处理过程中对涉事主体、发生时间和发生地点等要素进行分析，从而实现情报要素的抽取和提炼。情报识别体现为，案例城市的热线管理部门在诉求处理过程中进行无效诉求过滤、疫情情报筛选，以有效识别应急情报信息。

数据层：风险识别环节主要涉及数据结构化、数据特征化、人机协作等数据处理相关范畴。数据结构化包括数据整合、敏感数据过滤等内容，要求数据处理者将收集的语音、文本等半结构化或非结构化数据提取为标准化工单。数据特征化则体现为，案例城市的热线管理部门通过构建分类清单、抽取关键信息，实现诉求数据的归类与标记。人机协作表现为案例城市的热线管理部门通过人工智能技术实现工单信息自动填充、诉求分类推荐等，实现机器辅助人工开展数据处理工作。

总体而言，在风险识别环节，案例城市的热线管理部门对多源异构的社会诉求数据进行结构序化和特征提取，并在此基础上进行情报要素抽取和筛选，从而有效识别应急情报相关资源。而面对应急情境下社会诉求量的激增，人机协作的工作方式能够有效压缩数据处理时间，提升数据处理效率。

2. 风险分析环节

通过对案例城市运用社会诉求数据进行风险分析相关资料的编码，我们识别出以下范畴和概念（参见表7-4）：

表7-4 风险分析环节的范畴概念和资料举例

层级	范畴	初始概念	资料举例
目标层	风险解析	风险问题的特征	通过诉求数据分析，预测诉求的空间分布、体量大小和热度强度（A2）
		风险产生原因	对难点问题进行实地调查和案例分析，发现诉求的矛盾根源（B1）
	风险评价	风险紧急程度评估	在疫情防控舆情报告中，列出每日热点诉求的前三名（B4）
情报层	情报研判	态势推演	分析市民诉求的规律和特点，揭示诉求的趋势演变和周期变化（A1）
		舆情分析	开展诉求数据的舆情分析，及时研判市民反映的苗头性、倾向性问题（B4）
		智库支持	疫情防控期间引入智库团队对诉求数据进行监测和研判，提出疫情防控政策建议（B2）
	情报资源融合	关联分析	网络理政平台汇集了政府各部门数据，并将社会诉求数据和其他数据库进行关联开发（B4）
		信息联动	热线与各区应急部门建立突发紧急事项信息联动机制，与卫健委等部门实现专项数据共享（C3）
数据层	智能分析	扩容疫情模块	疫情防控期间，依托大数据共享平台扩容疫情数据分析模块（C1）
		智能分析平台	构建包括诉求类别分析、城市问题台账等的大数据分析决策平台（A1）；建立城市治理投诉大数据分析共享平台、全市街镇工单数据分析模型（C1）

(续表)

层级	范畴	初始概念	资料举例
	数据描述	描述性统计	对诉求区域分布、热点性质、诉求办理情况等进行描述性统计（B3）
		热点提取	诉求分析平台提取热点问题和典型案例，反映疫情防控期间的市民热点诉求（B3、B4）

注：括号中，字母 A、B、C 代表北京、成都、广州的数据；数字1—4代表不同数据来源，1是社交媒体、网站资料，2是研究文献资料，3是政府官网、工作报告等资料，4是访谈资料。

目标层：风险分析环节的目标主要涉及风险解析、风险评价范畴。风险解析是指对风险问题的特征、产生原因进行理解；风险评价则体现为对风险紧急程度进行评估，从而为风险是否有必要应对以及如何应对提供依据。

情报层：风险分析环节主要涉及情报研判、情报资源融合等情报分析相关范畴。情报研判体现为案例城市的热线管理部门对社会诉求相关信息进行态势推演和舆情分析等，并且在此基础上结合专家智库的建议，构建疫情风险应对策略。情报资源融合体现为案例城市的热线管理部门在情报研判过程中将社会诉求数据与各部门数据进行关联分析。

数据层：风险分析环节主要涉及智能分析、数据描述等数据分析相关范畴。案例城市通过建立智能分析系统或平台（如广州建立的城市治理投诉大数据分析共享平台），智能化地开展社会诉求数据的描述性统计、热点问题提取。

总体而言，在风险分析环节，案例城市的热线管理部门通过智能分析平台实时进行数据描述和信息提取，并在此基础上针对性开展情报资源融合与情报研判工作，由此实现海量社会诉求数据向应急情报的转化。

3. 风险沟通环节

突发公共事件情境下的智慧应急决策需要政府各层级各业务部门的协同作业。风险沟通环节是风险管理的个体或机构之间交换风险信息和看法的过程。通过对案例城市运用社会诉求数据于风险沟通的相关资料进行编码，我们识别出以下范畴和概念（参见表 7-5）：

表 7-5 风险沟通环节的范畴概念和资料举例

层级	范畴	初始概念	资料举例
目标层	风险预警	预警信息提供	周报针对风险苗头、风险诉求向相关部门提供预警信息（B1）
		疫情信息报送	建立每日疫情信息滚动报送机制；每日向市委、市政府及疫情防控小组报送多份疫情信息（A1，A2）
	风险推理	方案咨询	智库团队通过诉求数据研判形成专项报告，提供疫情防控政策建议（B2）
		问题共识	三方评议会议通过市民诉求、部门回应、各方代表发言，交流各方意见建议，着力形成共识（B1）
情报层	情报传递	疫情专题报告	热线大数据分析部门输出复工复产等疫情专题报告（C2）
		热线分析报告	日报向市领导和部门反映每日热点诉求，周报汇总苗头和风险信息，月报反映高频问题和区域（A1）
	情报交流	意见交流	建立"蓉城纤夫""蓉城挑夫"微信群，市领导、各政府部门领导经常对热点问题进行讨论（B2）
		多方评议	针对疑难、高频诉求问题，邀请相应政府部门代表、律师代表、领域专家等展开评议（B3，B4）
数据层	数据质量保障	热线接听审核	智能坐席助手实现通话过程同步质检（C3）；接听中心进行接听双质检，即质检科和质检岗的审核（B3）
		工单质量审核	转办中心进行工单质量的双审核，包括初审和复审（B3）
	多层级数据传输	紧急并行传输	疫情相关诉求视作紧急诉求，第一时间派单至承办单位、分管领导，并报备应急办（B1，B4）
		多层任务系统	一般诉求，直派街乡镇；职责交叉诉求，派单16个区；重要或紧急问题，派单街道和市区部门（A2）

(续表)

层级	范畴	初始概念	资料举例
	智能化派送	实时派发	工单填写后,热线系统直接将工单派发所属部门,由3小时调整为实时派发(C1)
		自动匹配	梳理诉求事项和流程再造等,实现对各类诉求自动识别和承办单位匹配(A1)

注:括号中,字母A、B、C代表北京、成都、广州的数据;数字1—4代表不同数据来源,1是社交媒体、网站资料,2是研究文献资料,3是政府官网、工作报告等资料,4是访谈资料。

目标层:风险沟通环节涉及的目标包括风险预警、风险推理等范畴。风险预警体现为案例城市的热线管理部门将突发事件相关的风险信息传递到应急决策端。风险推理则表现为应急决策参与者交换对风险问题的看法和建议,以完成风险判断和推理。

情报层:风险沟通环节涉及情报传递和情报交流等情报交换相关范畴。情报传递体现为,案例城市的热线管理部门将研判后的应急情报以日报、周报、专题报告等形式传递给应急管理相关部门和领导。情报交流体现为,政府各部门、领域专家等参与者就热点问题进行意见交流和多方评议。

数据层:风险沟通环节涉及数据质量保障、多层级数据传输、智能化派送等数据交换相关范畴。数据质量保障体现为案例城市的热线管理部门通过热线接听审核、工单质量审核等方式保障数据的可靠性。多层级数据传输体现为案例城市的热线管理部门对不同类型的任务(包括普通任务、紧急任务、部门协同任务等)采取差异化传送规则,例如紧急任务要求并行传输至多个相关部门。智能化派送体现为,案例城市的热线管理部门通过智能化派送系统实现诉求工单和承办部门的自动匹配,并实现工单实时转派到承办部门。

总体而言,风险沟通环节涉及数据和情报双链路并行传送。一方面,数据实时传输。案例城市的热线管理部门以数据质量保障为前提,通过智能化平台实现诉求工单实时派送,同时建立紧急任务的多层级派送规则,例如疫情相关诉求数据并行传输到对应部门(如北京12345将疫情诉求同时传送基层街道和区政府),以避免应急相关政府部门间的数据不对称。另一方面,情报定期派送。案例城市的热线管理部门通过日报、疫情专报等方式,为应急相关政府部门提供民生动态信息和风险预警。由此,"常规+特定"的数据和情报双链路传送机制,有效保障突发事件风险沟通的顺畅运行。

综上所述,从风险识别环节的数据处理和情报识别,到风险分析环节的数据描述和情报研判,再到风险沟通环节的数据和情报双链路传送,案例城市完成了社会诉求数据的情报产品生成和传递,实现了社会诉求数据赋能的风险评估(参见图7-3)。该过程体现出如下特征:首先,智能化。案例城市的智能坐席助手、智能分析平台、智能派送系统等工具,促进社会诉求数据的智能化处理、分析和传送,从而提升了应急资源开发效率。其次,扁平化。案例城市通过数据和情报的多链路并行传送,避免应急资源在部门间层层传递导致的应急流程迟滞,缩短了应急资源传送路径。此外,协同化。案例城市通过专家智库引入、部门数据共享、多方情报交流等举措，推动政府内外部参与主体协同作业，由此形成基于社会诉求数据的风险评估合力。

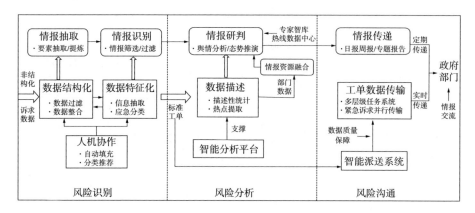

图 7-3　社会诉求数据赋能的风险评估

（三）风险应对阶段

社会诉求数据赋能的风险应对阶段是指风险管理者将数据生成的情报产品运用于应急决策的过程。通过对案例城市运用社会诉求数据于风险应对的相关资料进行编码，我们识别出以下范畴和概念（参见表 7-6）：

表 7-6　风险应对阶段的范畴概念和资料举例

层级	范畴	初始概念	资料举例
目标层	事前预防	提前处置	建立"接诉即办"快速响应机制，给城乡建设委提供"违法群租房"舆情预警，提前防范群租风险（A1）
		舆论引导	推出《抗击疫情·成都在行动》节目，集中回应民生关切和疑问，起到社会引导作用（B3，B4）
	精准响应	话语响应	对疫情日报的很多代表性问题，在次日政府新闻发布会或疫情走势报告中，进行公布和回应（A3）
		行动响应	针对诉求反馈的假冒口罩问题，市场监管部门与公安部门联手，破获多起假冒伪劣口罩案件（A1）

(续表)

层级	范畴	初始概念	资料举例
		制度响应	政府推出"出租车免规费倡议""发热药品需实名登记"等防控措施,都源于市民提出的诉求(B4)
	灾后恢复	企业复工复产	在热线微信公众号和小程序中相继推出"企业服务"自助服务模块、疫情与暖企政策(C1)
		创伤心理咨询	开通卫生健康咨询专线;与社会心理援助团队合作,对患者、有创伤经历的人群进行心理疏导(A1)
情报层	情报可视化	全景呈现	通过民情地图、考评赋值图等表达工具,实现从区到街道到乡镇的比较,全景呈现全市疫情民生诉求(A2)
		精准定位	智能分析平台按照预警规则和分析模型,实时预警并显示地理位置标注(B3)
	情报支持	问题构建	在市长办公会研究我们提交的诉求分析报告,各部门一起分析疫情防控期间的重点问题(B4)
		参考路线	根据热线诉求提出的"放宽车辆限行政策""医院增加每次开药量"等建议,被相关部门采纳(A1)
		知识支持	召开专家座谈会,来自公共卫生、经济等领域的专家对疫情防控工作提出多条意见建议(B1)
数据层	数据协同	数据调用	在市长办公会,各部门提供数据,在会上以问题为导向进行归集和关联分析(B4)
		数据共享	与卫健委建立疫情数据联动发布机制,与其他市级部门建立疫情信息联动发布机制(B1)
	信息反馈	执行效果评估	北京开展专项监督检查,对疫情诉求办理情况进行全量考评,并公布考核排名(A1)
		满意度回访	热线中心对办理不满意事项回放,对不满意的原因登记,并将工单发回重办(C2)

注:括号中,字母 A、B、C 代表北京、成都、广州的数据;数字 1—4 代表不同数据来源,1 是社交媒体、网站资料,2 是研究文献资料,3 是政府官网、工作报告等资料,4 是访谈资料。

目标层:风险应对阶段的目标涉及事前预防、精准响应、灾后恢复等范畴。事前预防体现为,应急相关政府部门基于社会诉求数据提供的社会风险情报,提前处置风险问题并进行舆论正向引导,由此实现风险问题爆发前的前瞻性处置。精准响应包括话语响应、行动响应、制度响应,即应急相关政府部门通过恰当的语言(如通过新闻发布会、疫情报告、媒体进行公开回复)、加强监管等风险防控行动、颁布政策措施,对社会诉求数据揭示的风险问题进行精准化响应。灾后恢复体现为，应急相关政府部门通过社会诉求数据提供的情报开展促进企业复工复产、创伤心理咨询等活动，以推动突发事件恢复期的社会秩序重构。

情报层：风险应对阶段主要涉及情报可视化、情报支持等情报应用相关范畴。情报可视化体现为，应急相关政府部门通过可视化技术实现社会诉求信息和情报的全景呈现，以及风险区域的精准定位。情报支持是指热线管理部门通过日报、专题报告等方式揭示社会风险问题、构建决策参考路线，从而为智慧应急决策提供支持。

数据层：风险应对阶段主要涉及数据协同、信息反馈等数据应用相关范畴。数据协同体现为，应急相关政府部门对于社会诉求数据揭示的风险，进行部门间数据调用、数据共享以辅助智慧应急决策。信息反馈主要体现为，应急相关政府部门在完成风险应对行动后，进行执行效果评估和公众满意度回访。

总体而言，在风险应对阶段，社会诉求数据生成的情报产品嵌入政府决策系统，引导应急相关政府部门进行决策问题构建、牵引相关部门进行数据协同、辅助相关部门的应急决策方案产出，由此服务于突发事件事前预防、精准响应、灾后恢复等目标（参见图7-4）。此外，社会民众对风险应对行动的评价和反馈作为情报原料，会再次输入情报生产流程，由此形成社会诉求数据赋能智慧应急决策的良性循环。该过程体现出如下特点：第一，精准性。社会诉求数据生成的情报能够精准定位社会风险问题，牵引相关政府部门进行数据资源协同，推动实现对风险源头的治理。第二，前瞻性。社会诉求数据生成情报产品，源源不断输入决策端，赋能应急相关政府部门进行突发事件的事前预防和事中应对，从而使应急管理"关口"前移。

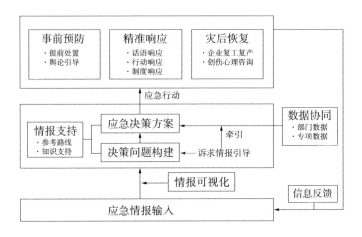

图 7-4　社会诉求数据赋能的风险应对

二、数据赋能智慧应急决策的组织结构

智慧应急决策涉及多主体参与，而多主体的协同联动是智慧应急流程高效运行的基础支撑条件。通过对案例城市社会诉求数据赋能应急决策的组织支撑相关数据编码，我们主要识别出主体分工协作、资源横纵协同等范畴（参见表 7-7）：

表 7-7 组织结构的范畴概念和资料举例

组织	范畴	初始概念	资料举例
组织结构	主体分工协作	主体定位明确	我们汇集市民反映的问题，政府部门进行研究，进行精准治理（B4）
		数据管理部门	从传统的呼叫中心转型为数据中心，成为各政府部门数据共享和协同的枢纽部门（C2）
	资源横纵协同	横向信息联通	热线平台与政务大厅、城市救助中心等平台进行信息联通，并与各区应急部门建立突发紧急事项信息联动机制（C3）
		纵向信息共享	建立全省、市、县三级防疫数据交换机制（B1）

注：括号中，字母 A、B、C 代表北京、成都、广州的数据；数字 1—4 代表不同数据来源，1 是社交媒体、网站资料，2 是研究文献资料，3 是政府官网、工作报告等资料，4 是访谈资料。

第一，主体分工协作。社会诉求数据赋能应急决策过程中的参与主体主要包括三类：社会公众和企业、热线管理部门（或网络理政部门）、其他政府部门（主要指应急相关政府部门）。从主体分工来看，案例城市的热线管理部门对社会诉求数据进行采集和分析，并通过专题报告等形式将情报信息报送应急相关政府部门；此后应急相关政府部门将情报信息运用于应急决策，同时实现对社会诉求的响应。由此社会公众和企业、热线管理部门、其他应急相关政府部门形成明确分工。具体而言，社会公众和企业是社会诉求的提出者，也是数据的生产者；热线管理部门对社会诉求数据进行统一管理和调度，是社会诉求数据管理中心，也是智慧中枢；应急相关政府部门运用社会诉求情报信息进行应急决策，是数据的应用者。

第二，资源横纵协同。政府各部门的资源协同能有效缩短应急状态下的信息资源交互路径，推动"条块分割"的部门形成应急合力。横向信息联通体现为，案例城市的热线管理部门与其他相关政府部门建立信息联动机制等。例如，广州12345热线平台与政务大厅、城市救助中心等平台实现信息互联，北京市民热线服务中心与30多个市级部门建立了信息联动机制[①]。纵向信息共享体现为，案例城市都已搭建市、区、街（镇）三级热线组织架构，以促进各级政府部门纵向的信息共享。

综上，热线管理部门作为智慧枢纽，对社会诉求数据进行集中管理、调度和协调，有效推动各主体形成应急合力。从主体互动关系而言，各主体间呈现交互关系：社会公众向热线管理部门提供诉求数据，而热线管理部门对公众进行满意度回访；热线管理部门将社会诉求数据整合并传递给其他政府部门，其他政府部门也与热线管理部门进行信息联通；其他政府部门将数据应用于应急决策并对社会公众提出的诉求进行回应，社会公众对其他政府部门进行监督。由此，各主体间形成凭借数据流交互的环形网络，即以各主体为节点，以数据流为主要连接关系，各主体的互动形成紧密交互的协同网络（参见图7-5），为智慧应急决策的顺畅运行提供组织支撑。

---

① 蔡明月.接诉即办：首都基层治理的一个创造[J].前线，2020(2)：77-79.

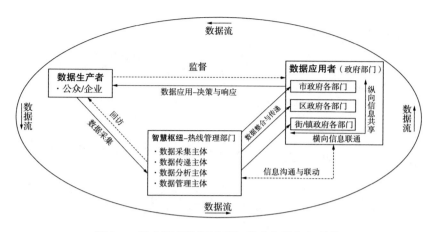

图 7-5 社会诉求数据赋能智慧应急的组织结构

三、数据赋能智慧应急决策的支撑条件

（一）技术支撑

数据赋能的应急决策需要综合运用一系列信息技术来采集、处理、传送、挖掘、应用数据资源。技术应用是智慧应急决策中"智"的核心表现，为智慧应急决策流程的开展提供技术保障。通过对案例城市社会诉求数据赋能智慧应急的技术应用相关资料的编码，我们主要识别出大数据技术赋能开发、智能技术增效等范畴（参见表 7-8）。

表 7-8 支撑条件的范畴概念和资料举例

支撑条件	范畴	初始概念	资料举例
组织支撑	主体分工协作	主体定位明确	我们汇集市民反映的问题，政府部门进行研究，进行精准治理（B4）
		数据管理部门	从传统的呼叫中心转型为数据中心，成为各政府部门数据共享和协同的枢纽部门（C2）

第七章 数据赋能智慧应急决策体系

(续表)

支撑条件	范畴	初始概念	资料举例
技术支撑	资源横纵协同	横向信息联通	热线平台与政务大厅、城市救助中心等平台进行信息联通，并与各区应急部门建立突发紧急事项信息联动机制（C3）
		纵向信息共享	建立全省、市、县三级防疫数据交换机制（B1）
	大数据技术赋能开发	有效信息提取	采用数据挖掘、海量分析等技术手段，提取有效数据信息（C1）
		热点问题发掘	通过大数据对比分析，刻画诉求趋势和特征，发现热点问题和风险（A1）
	智能技术增效	提高查询效率	智能知识库通过知识库呈现形式和逻辑优化，缩短话务员查询时间，提高服务效率（C2）
		回访实时反馈	智能回访支持多轮对话和指标询问，实时反馈诉求解决情况（A1）
制度支撑	热线标准规范	突发事件规范	针对突发事件制定《广州12345政府服务热线突发类事项处理规范》《广州12345政府服务热线集中诉求事项协调督办规范》（C1）
		热线服务标准	2020年3月启动《12345市民服务热线服务与管理规范》的研究修订（A1）；广州制定涵盖热线服务通用基础、服务提供、服务保障的193项标准（C1）
	紧急诉求办理制度	紧急核实	疫情相关诉求进行紧急联系办理，承办单位在1小时内进行核实（B1）
		快速办理	疫情相关诉求进入"超快速处理通道"，紧急诉求要求2个小时内办理完成（A2）
	监督考核制度	内外监督结合	设立疫情防控专门监督举报热线，建立投诉线索移送机制；纪检部门开展专项监督检查（A1，A2）
		结果通报曝光	市长公开会公布诉求办理情况排名，对排名靠后的单位点名通报（B1）
		考核指标细化	细化全面的新考核指标体系，包含基础、加分、减分等3个大类24个小类（C3）
		疫情分类考评	以疫情响应率和解决率为重点，根据疫情阶段和诉求特征，实行分类考评（A1）

注：括号中，字母A、B、C代表北京、成都、广州的数据；数字1—4代表不同数据来源，1是社交媒体、网站资料，2是研究文献资料，3是政府官网、工作报告等资料，4是访谈资料。

第一，大数据技术赋能开发。案例城市热线管理部门运用大数据技术支撑海量数据采集、应急相关诉求信息提取、社会风险问题分析等，以保障社会诉求数据的价值开发。案例城市的热线管理部门运用的大数据相关技术包括：

一是大数据采集技术。案例城市的热线管理部门运用大数据采集技术对互联网渠道、热线渠道数据进行多样化采集、动态获取。二是大数据处理技术。案例城市的热线管理部门运用关键词提取技术等，对不同尺度、颗粒度的社会诉求数据进行结构序化和特征提取。三是大数据分析技术。案例城市的热线管理部门使用关联分析、地理信息系统等技术，对社会诉求数据进行多层次挖掘。如广州12345热线平台运用海量分析技术及时提取疫情相关信息，并运用话题关联分析的算法技术充分发现数据之间的内在关联[1]。第四，可视化技术。为了将社会诉求数据分析结果直观呈现给应急决策相关部门，案例城市的热线管理部门建立了基于社会诉求数据的可视化系统，进行疫情相关信息的多维展示。例如在新冠疫情期间，北京12345市民热线服务中心运用大数据技术绘制"民情民意地图"，动态精准地呈现社会风险的覆盖区域[2]。

第二，智能技术增效。案例城市的热线管理部门运用人工智能、机器学习等技术，研发智能化工具。案例城市的热线管理部门不同程度地将智能技术运用于社会诉求数据处理和应用的各个阶段：智能知识库助力社会诉求数据采集，智能坐席助

---

[1] 广州12345热线：创新开展智能化标准化建设，提升便民服务效能[EB/OL].(2021-10-22)[2022-04-29]. https://www.sohu.com/a/496535609_121106875.
[2] 马超,金炜玲,孟天广.基于政务热线的基层治理新模式——以北京市"接诉即办"改革为例[J].北京行政学院学报,2020(5)：39-47.

手实现工单自动填写以辅助社会诉求数据高效处理，智能派单系统实现社会诉求数据的实时传送，智能数据分析平台实现社会诉求数据自动分析等，由此大大提升社会诉求数据向情报产品转化的效率。例如，广州12345热线平台运用人工智能、机器学习等技术研发了语音导航系统、智能坐席助手、智能派单、智能分析平台等智能化工具[①]；北京12345市民热线服务中心积极推进智能人工客服、智能分析平台等工具的研发。

总体而言，在应急情境下，大数据技术是社会诉求数据向情报转化的重要保障，而智能技术有效提升了社会诉求数据向情报产品转化的效率，二者共同保障智慧应急决策流程的高效运行。事实上，随着智能化成为政务热线发展的重要趋势，案例城市的热线管理部门相继推进大数据技术、智能技术等在社会诉求数据价值发掘各阶段的应用，因此智能化技术已经成为社会诉求数据智慧应急价值实现的重要支撑。

（二）制度支撑

制度建设是智慧应急决策中"慧"的主要体现。完善的制度规范能够促进各主体在标准规范的指导下紧密配合，为智慧应急决策的有效开展提供制度支撑。通过对案例城市社会诉求数据赋能智慧应急决策的制度相关资料进行编码，我们主要识

---

① 广州12345政府服务热线助力营商环境优化[EB/OL].[2021-09-20]. http://www.gz.gov.cn/ysgz/jyzc/ysyyzc/content/post_6485914.html；贺勇，姚雪青，姜晓丹.12345，便民"总客服"（倾听·解决群众烦心事）[EB/OL]. (2021-09-14) [2021-09-20]. http://cpc.people.com.cn/n1/2021/0914/c64387-32226148.html.

别出热线标准规范、紧急诉求办理制度、监督考核制度等制度相关范畴（参见表7-8）。

第一，热线标准规范。热线标准规范包括突发事件工单的处理规范、热线服务标准等。例如广州12345热线平台在193项常规热线标准规范的基础上，制定了《广州12345政府服务热线突发类事项处理规范》《广州12345政府服务热线集中诉求事项协调督办规范》等①，为疫情相关社会诉求数据的采集、传递、分析和应用提供依据。

第二，紧急诉求办理制度。在应急情境下，案例城市将疫情相关诉求纳入紧急诉求办理范畴进行优先核实与回复，并加强已有的紧急诉求办理制度的执行力。例如，北京12345热线要求紧急诉求2小时办理完成，成都网络理政平台要求紧急诉求1小时核实、24小时反馈处理结果，由此保障了疫情相关社会诉求数据的及时归集和价值析取。

第三，监督考核制度。一方面，案例城市完善绩效考核制度，包括在疫情防控期间进行分类考评以及将考核排名结果进行通报等，从而推动政府部门积极开展社会诉求的处理和响应。例如，北京12345热线以提高疫情相关诉求响应率和解决率为目标，结合疫情发展阶段和诉求特征等进行分类考评并对

---

① 何小敏，李淑珩. 助力打赢疫情防控战役，广州这个机构发挥了重要作用 [EB/OL].(2020-12-09)[2021-09-20]. https://www.sohu.com/a/437284040_120091004.

考核结果进行通报①。另一方面，案例城市完善多方监督制度，即案例城市在疫情防控期间形成了"政府部门内部通报＋纪检单位监控＋媒体披露＋公众参与"的全方位监督格局。例如，北京12345热线建立疫情相关诉求"首接负责、纪检督办"制度，并完善公众回访机制、投诉线索移送机制以加强社会力量的参与。

总体而言，以热线标准规范、紧急诉求办理制度、监督考核制度为主的多元制度结构，保障了社会诉求数据赋能智慧应急决策的顺利开展。标准规范制度使得社会诉求数据的处理在标准化规则的约束下有序开展；紧急诉求办理制度要求将疫情相关诉求作为紧急诉求进行优先核实和处理，保障疫情相关数据的高效处理和价值析取；监督考核制度推动相关政府部门积极开展社会诉求数据的处理和应用。各类制度各司其职，为社会诉求数据应急价值的挖掘提供全面制度支撑。

第四节 数据赋能智慧应急决策体系的构建路径

一、社会诉求数据赋能智慧应决策体系构建

基于对案例城市在新冠疫情期间将社会诉求数据运用于智慧应急决策实践的深度分析，本书发现案例城市已然形成社会诉求数据赋能智慧应急决策的多主体、多环节、多要素的复

---

① 北京：利用"接诉即办"机制做好疫情防控和复工复产工作[EB/OL].(2020-03-04)[2021-09-20]. http://www.gov.cn/xinwen/2020-03/04/content_5486695.htm.

杂系统，即社会诉求数据赋能智慧应急决策体系已初步形成。据此，本书构建了社会诉求数据赋能智慧应急决策体系的模型（参见图7-6）。案例城市社会诉求数据赋能智慧应急决策体系主要包括组织层、业务层、支撑层三个层次。

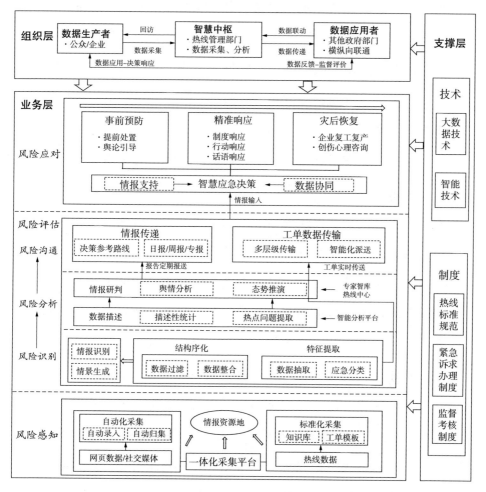

图 7-6 社会诉求数据赋能智慧应急决策体系模型

首先，组织层是社会诉求数据赋能智慧应急决策的基础。社会诉求数据赋能智慧应急决策涉及的多元主体分工明确、资源协同。热线管理部门作为智慧枢纽，促进社会诉求数据在社会和政府间的流转。在此基础上，政府系统内各部门横向、纵向的信息协同机制助力打破"数据孤岛"，推动政府部门间的信息沟通和业务协同。由此，社会公众和企业、热线管理部门、其他应急相关政府部门之间形成紧密交互的协同网络，使数据资源迅速流动和高效整合，为智慧应急的顺畅运行提供组织支撑。

其次，业务层是社会诉求数据赋能智慧应急决策实现的核心。案例城市通过将社会诉求数据的情报价值实现流程嵌入突发事件风险感知、风险评估、风险应对过程，实现情报流和业务流融合，并进而实现社会诉求数据赋能智慧应急决策。具体而言，在风险感知阶段，热线管理部门利用一体化采集平台，进行互联网渠道数据的自动化采集和热线渠道数据的标准化采集，由此促进社会诉求数据的全面、精准、高效采集，为应急决策提供情报资源储备，实现对突发事件风险的智慧感知。在风险评估阶段，热线管理部门通过人机协作的方式进行数据的结构序化和特征提取，并在此基础上开展数据描述和情报研判，此后将情报资源通过工单数据传输和情报传递的双链路传送至决策端，由此实现风险的有效识别、分析和沟通。在风险应对阶段，应急相关政府部门运用社会诉求情报信息辅助应急决策，即在情报产品的支持下相关政府部门进行数据协同分析并制定应急决策方案，从而服务于突发事件事前预防、精准响应、灾后恢复全阶段。

最后，支撑层是社会诉求数据赋能智慧应急决策实现的重要保障。技术支撑和制度支撑分别从技术理性和人文价值层面保障着社会诉求数据赋能智慧应急决策流程的有效运转。一方面，大数据技术和智能技术为主的系列技术赋能社会诉求数据向情报产品的高效转化；另一方面，热线标准规范、紧急诉求办理制度、监督考核制度等多元制度为社会诉求数据情报价值挖掘和应用提供制度支持。

由此，案例城市社会诉求数据赋能智慧应急决策体系已初步形成，这是一种全主体参与、全过程治理的新型应急决策模式。全主体参与体现在社会公众、企业、热线数据管理部门、政府部门等利益相关者协同参与，从而形成应急决策合力。全过程治理体现在社会诉求数据生成的情报产品，可服务于"预防—响应—恢复"的应急管理全过程。相较于传统应急决策体系，这种全主体参与、全过程治理的应急决策模式，促进应急管理精准应对、主动应对的实现。

二、数据赋能智慧应急决策体系建设策略

随着信息技术和应急管理的深度融合，推进智慧应急决策体系的建设是实现应急管理体系和能力现代化的重要举措，

是提升应急决策能力的必经之路。实践中，面向突发事件的智慧应急决策仍处于发展阶段。本书以社会诉求数据为例，对三个案例城市将社会诉求数据应用于智慧应急决策的实践进行考察，构建了社会诉求数据赋能智慧应急决策体系的模型。社会诉求数据虽然是一种来自社会公众的事实型应急数据，但其实质还是应急数据。因此，通过对社会诉求数据赋能智慧应急决策体系的考察，我们提出了以下数据赋能智慧应急决策体系建设的策略：

其一，聚合多渠道来源应急数据，提升数据处理智能化水平。一方面，政府部门需要多渠道搜集应急数据资源，扩展应急数据资源采集的时空范畴，并搭建一体化平台实现多渠道数据资源的汇聚，从而促进应急数据采集的全面性。随着突发事件愈发复杂化，应急决策对数据来源的多样性和丰富性提出更高要求。政府部门需要重视如社会诉求数据、社交媒体数据等新兴数据源，并通过一体化平台实现多源数据融合。另一方面，政府部门需要提升数据处理的智能化水平，提升海量数据筛选、过滤和整合的工作效率。在应急情境下，政府部门需要数据处理的时效更高、质量更好。因此，政府部门需要加强数据处理的人机协作，即借助机器辅助人工开展数据预处理和数据传送等工作，压缩应急情景下的数据处理时间。例如，政府部门可构建主题应急知识库，形成可检索的应急知识集合，以辅助数据处理工作的高效开展；推动数据自动提取和自动标注，实现应急信息的有效识别和筛选。

其二，强化增量与存量信息协同分析，完善应急数据资源的研判机制，深度挖掘应急数据的决策参考价值。一方面，政府部门对应急数据的开发需要从应对机制转变为日常情报储备机制，并加强应急增量信息和存量信息的关联分析。例如，政府部门可建立特定应急对象领域的开放性资源池（增量数据资源不断汇入而形成的动态可扩展的应急资源池）；此后将不断汇入的增量信息与存量信息进行关联分析，促进二者的"化学反应"，从而实现对应急风险的追溯和研判。另一方面，政府部门需要完善应急数据资源的研判机制。政府部门可利用以情景为单位的数据资源开发方法，即依托数据平台开展应急风险问题的情景要素识别、情景任务生成等，从而及时捕捉社会风险。此外，政府部门可依托已有数据平台，建立面向应急决策任务的数据分析模型，促进对应急风险问题的内容挖掘、时空分析和态势推演，从而推动应急资源的情报转化。

其三，明确利益相关主体权责关系，构建突发事件智慧应急决策的资源协同机制。数据赋能智慧应急决策体系需要稳固的组织基础。一方面，政府部门可以从数据处理并应用于智慧应急决策的流程视角，厘清该过程涉及的政府部门、社会公众、企业和社会组织等主体的角色和权责。另一方面，政府部门需要建立面向决策目标的资源协同机制。政府部门需要明确突发事件智慧应急的数据管理部门，充分发挥数据管理部门对应急资源的协同调度作用；同时建立横向和纵向的部门间应急数据共享和联动机制，推动围绕应急目标的数据资源整合，从而缩短应急情境下信息资源的交互路径。

其四，加强现代信息技术应用，为数据赋能智慧应急决策提供技术支持。随着现代信息技术与应急管理的融合，政府部门需要加强大数据、人工智能等技术在数据收集、挖掘及应用方面的深度介入，以深度挖掘数据的决策参考价值。例如政府部门可在应急决策过程中提升人工智能技术的运用水平，推动应急数据所涉及的实体和关系的自动识别，实现风险问题情景的自动分析、决策任务的自动生成等；运用话题关联分析的算法技术揭示数据之间的内在关联；进行数据建模以开展常态化风险预判、态势推演等工作，从而高效推动应急数据转化为应急情报。

其五，完善相关制度建设，筑牢数据赋能智慧应急决策体系的制度根基。一方面，政府部门需要完善数据处理标准，建立统一的应急数据处理标准规范，使得数据能在标准化规则约束下有序流动。另一方面，政府部门需要加强监督考核等制度建设。例如，政府部门可建立更加适用于应急情景的考核通报机制，推动相关部门积极处置由数据揭示的风险问题；强化社会力量参与监督的制度建设，形成政府监管部门、社会公众、媒体等共同参与的监督格局，推动数据赋能智慧应急决策的有效开展。

第八章 结论

一、本书的主要发现

现代化进程带来社会的高速发展，但也引发"文明的火山"，使得新型风险不断出现，且各类风险不断叠加。为此，应急管理需要迭代更新，而智慧应急就是新技术条件下风险社会治理的新一轮进化。当前，智慧应急发展处于起步阶段，但在数据赋能下已然展现出巨大潜能。本书结合应急管理、公共治理、技术治理、情报学等学科理论，对我国当前典型城市应急管理实践展开调研，进而对数据赋能智慧应急已然取得的重要进展、具体实现路径、所需要解决的问题等进行梳理，厘清数据赋能智慧应急的相关思维、方法和体系，以期在理论和实践结合的基础上寻找我国进一步推进数据赋能智慧应急的策略方向。

基于横向和纵向调查，本书发现数据赋能智慧应急已在我国新冠疫情防控等重大应急战役中得以体现并取得突出成效。具体而言，我们主要有以下发现：

第一，数据赋能智慧应急实现了数字政府形态下数据能力向治理能力的转化。

智慧应急是随着技术环境迅速发展而出现的应急管理创新实践，其形成不仅有赖技术发展，也受到组织因素、制度因素的深刻影响，数据赋能智慧应急更是深刻体现了数字政府形态下数据能力向治理能力的转化。本书基于技术执行框架理论，在对成都市的数字政府实践及其效能进行剖析后发现：一方面，"数据-决策一体化"的数字政府治理改变了公众对治理的感知，促成了公众对成都市政府形成水平化政府、回应型政府、敏捷政府等政府形象认知，这些认知转化为行动能量，成为公众参与智慧应急的巨大推力。另一方面，"数据-决策一体化"的数字政府治理充分整合技术、组织、制度的力量，通过"数据服务于政务服务"和"数据服务于治理决策"两条路径促成信息技术价值转化，使政府成为"由外而内"的信息融通者，促成数据能力向治理能力的转化。组织因素、制度因素与技术因素的正向相互作用，是数据赋能智慧应急实现的内在逻辑。

第二，压力情境下的数据需求和数据爆发对智慧应急信息服务产品敏捷开发起到重要催化作用。

智慧应急信息服务产品是智慧应急实现的核心基础设施，是集成前沿信息技术的应急管理平台或工具。近年来，各种类型的重大突发事件频发，在应急压力作用下智慧应急信息服务产品开发出现突破性进展。本书基于信息空间理论对智慧应急信息服务产品的生成机理展开分析，认为突发事件下产生的大量应急数据、应急管理者复杂多样的信息需求和大数据等信息技术构成了应急信息服务产品的内部衍生要素。重大突发事件下各类型社会主体提出大量时间紧迫、复杂多样的信息服务需求，这种需求压力正是应急信息服务产品敏捷开发和快速迭代的催化剂，而科技创新政策、已有信息产品基础及互通互享的信息资源则为外部催生因素。因此，为缩短智慧应急产品的研发周期，应充分挖掘应急数据需求，预测压力情境下的数据流状况并展开情景分析，同时要挖掘突发事件下的应急数据价值，为未来的突发事件应对做充分的储备。

第三，数据赋能智慧应急成为新技术环境下根治应急信息报告失灵困境的有效方式。

突发事件应急决策与应对能否从经验走向理性，一定程度上取决于突发事件信息的供给，而突发事件应急信息报告就是决定应急信息供给的重要机制。本书基于"委托-代理"理论对此展开阐释，认为传统应急报告机制是一种契约结构，在多种因素的作用下，信息报告主体会产生权力操纵动机，并有较大的行为空间，导致信息报告失灵。而数据赋能智慧应急会推动应急信息报告的范式转变和机制升级，并打破传统权力格局，不仅能解决技术失效问题，而且能解决制度失效问题，打通应急信息报告的"智慧神经"，并引领应急信息报告在风险溯源、动态响应和危机学习三方面的使能创新，大幅缩小策略性信息报告行为的机会空间。

第四，数据赋能激活社会多元力量参与应急信息传播并实现价值共创。

智慧应急是智慧社会建设的构成部分，而当前信息环境下的数据开放和共享为社会参与智慧应急提供了更大空间。本书基于价值网络理论对我国近20年应急信息传播实现形态展开分析，认为新冠疫情期间，政府、主流媒体、平台企业、社会组织甚至公众等纷纷依托互联网平台进行疫情信息发布及传播活动，形成一个主体多样、结构复杂、价值增值的疫情信息传播价值网络，已经实现了应急信息网络从"链"到"网"的形态跃迁。其中，政府开放应急数据、公众参与数据生产、平台企业推动数据流动起到了关键作用，也使得智慧应急增强了各类主体的突发事件应对能力，应急治理的效能得以放大。

第五，数据赋能智慧应急促成"情景-应对"应急决策的深度实现。

智慧应急需要敏捷、精准、动态的应急决策，"情景-应对"应急决策应成为主流应急决策模式。得益于信息技术的快速发展和信息渠道的全面畅通，实时数据正逐步成为构建应急决策情景的重要信息源，并促成"情景-应对"应急决策的深度实现。本书基于"情景-应对"理论对成都市社会诉求数据在应急决策中的应用展开案例分析，发现社会诉求数据在应急决策中具有危机预警、决策支持和信息沟通的数据价值；社会诉求数据通过牵引、激活、助推等方式贯穿"情景-应对"应急决策方法的全过程，从而实现其数据价值。社会诉求数据作为一种实时数据，在"情景-应对"应急决策中的应用促进了应急决策的信息融合和利用，助力应急决策效率跃升，显示了数据赋能"情景-应对"应急决策的效能。

第六，数据赋能智慧应急正在促成新一代应急决策体系形成。

当前，数据赋能也正在促成应急决策体系的进化。本书遵循"数据—情报—决策目标"的逻辑对北京、广州、成都等城市的智慧应急现状展开调查分析，发现这些典型城市通过对社会诉求数据等新型数据进行情报的智慧提取以辅助应急决策，将数据的情报价值实现流程嵌入突发事件风险感知、风险评估、风险应对等应急决策环节，使情报流和业务流融合。这种智慧应急决策体系以大数据和智能技术为主导技术，并配套以标准规范、紧急诉求办理制度和监督考核制度为主的多元制度，保障智慧应急流程的运转。数据赋能的智慧应急决策体系已成为全主体参与、全过程治理、全方位智能化的新型应急情报生产和应用模式。

二、本书的主要结论

基于以上具体研究发现，本书认为，全面认识"数据赋能的智慧应急"才能推动数据赋能智慧应急的更快发展，而当前数据赋能的智慧应急实践已经为这一认识提供了有力的支撑。结合当前的应急管理实践，我们对数据赋能智慧应急有以下新认识：

第一，政府数字化转型是数据赋能智慧应急的基础。数据赋能智慧应急是政府数据能力向治理能力转化的体现，而这一转化不仅基于技术应用，更依赖组织机制变革。当前的政府数字化转型是政府存在方式的变革，涉及政府理念革新、职能转变和体制机制重塑。政府数字化转型将组织和制度建构嵌入技术应用过程，使得决策者对不断变化的环境做出快速反应，并在组织协同基础上融汇使用跨组织数据资源，采取更具弹性的运行机制和更具创造性的技术应用机制。为此，只有实现政府数字化转型，才能高质量完成数据汇集、数据融合、数据萃取等工作，并最终实现数据对智慧应急的全面赋能。当前我国各地政府实现的"一网办""一号通""一站式服务"等都是政府数字化转型中的突出成果，也在新冠疫情防控等过程中成为数据赋能智慧应急的重要助力，而其背后的组织和制度变革正是这一作用的来源。为此，在推进数据赋能智慧应急的过程中，应将政府数字化转型放在首位，并深度利用政府数字化转型契机，实现数据对智慧应急的全面赋能。

第二，社会共同参与是数据赋能智慧应急的核心推力。突发事件的高度不确定性往往需要调动全社会力量和资源共同应对，而智慧应急为这一目标的实现提供了技术底座。全社会共同参与应急过程，既对应急管理的大数据供应提出了更多需求，也为应急大数据生产提供了更多机会，还为数据赋能智慧应急创造了更多情境，驱动着智慧应急对数据的广泛采集、深度挖掘和全面应用。在近年我国智慧应急的快速形成过程中，不管是在应急信息报告、应急信息传播，还是应急决策环节，多元社会主体的参与都在数据赋能智慧应急中发挥了关键推动作用。新冠疫情期间，各地政府通过构建面向更广泛人群、覆盖更多功能的应急信息平台有效连接了政府和社会力量，使得各类社会主体利用信息平台实现了信息共享和行为联动，形成阻断疫情风险的联防联控格局，使疫情防控决策更具科学性、民主性、协调性和可持续性。

第三，数据的高质量流动是数据赋能智慧应急的本质。智慧应急数据及时流动、真正对接需求才能切实发挥应急支撑作用，而数据要高质量流动需要机制创新来破除流动中的各类障碍。当面对重大突发事件时，促进应急数据流动必须以构建流向目标和质量要求为前提，才能通过融汇互动、去粗取精、集聚裂变、智能匹配，有效地服务于应急管理需要。当前，政府和社会开发了各类智慧应急产品，这些产品都是数据流动的重要促进者。因为，一方面，这些产品提供了数据无障碍流动的信息空间，使得应急决策主体可以直接对接广泛的内外部数据资源；另一方面，这些产品打通了数据流动大动脉，促成了各类应急主体通过开放、透明、交互的协同合作，参与数据流动过程，感知数据流动的意义，并生发更广泛的数据需求。为此，要通过开放政府数据、制定科技创新政策等条件支撑来促进应急数据的高质量转化和快速流动。

第四，数据的情境化转化是数据赋能智慧应急的必然过程。智慧应急的核心优势在于基于前沿信息技术提升应急决策过程的智慧化水平，进而提升应急决策的科学性。应急数据的情境化转化是为了支撑循证决策、精准决策、动态决策，通过人工智能或人机合作，将数据转变为有决策意义的情报的过程。就是说，智慧应急建设需要在建立平台促进数据充分流动的同时，也构建促进数据转化的"数据大脑"或"智慧枢纽"，以感知应急情景、识别需求情境，从数据中萃取能满足应急决策需求的情报甚至知识，通过人机协作使数据高效率地向"智慧"转化。当前实践领域已经对此展开了丰富的探索，这也是未来推进数据赋能智慧应急的主攻对象。

三、发展展望

（一）我国推进数据赋能智慧应急面临的主要问题

基于对我国智慧应急当前实践的调研，我们发现，虽然在应急压力下我国数据赋能智慧应急已然取得前所未有的进展和突出成效，但智慧应急对应急管理难题的解决仍不够彻底，而且还引发了新的问题，所以，未来的智慧应急面临艰难的攻坚战。具体而言，我国数据赋能智慧应急的实践目前主要存在以下问题：

第一，受制于组织变革不匹配，应急数据仍然较为稀疏、离散，且多为静态数据。突发事件发生时数据量骤增但价值稀疏，往往要跨越时间边界、行政边界和功能边界才能充分采集并捕捉到其应急价值。当前，尽管各地政府已建立了多样化的应急信息交流平台，但长期以来形成的行政观念、组织机制等障碍使应急数据的全面采集、融汇互用仍非常困难，数据充分流动受阻。2022年国务院颁布的《"十四五"国家应急体系规划》指出，我国应急管理体制改革还处于深化过程中，一些地方改革还处于磨合期。这也显示，制度变革的速度远比不上技术变革的速度，更难以与日新月异的数据环境相匹配。事实上，我国各级政府的组织体系仍然以线性组织结构为主，资源屏障坚固，即便是引入了智慧应急的前沿城市，也很难做到应急数据的全面收集、即时处理、即时分发，这导致突发事件爆发时，大量应急数据仍然困囿于各种边界，处于有限流动状态，并带来应急管理中感知迟钝、决策滞后、沟通不畅等一系列问题。

第二，受制于数据处理深度不足，涌现的应急大数据难以直接支撑应急决策。数据充分流动的前提是数据可用，即数据是可发现、可解释、可复用的。应急大数据来源复杂，类型多样，其数据转换是一个大工程。智慧应急的数据治理需要解决数据源兼容性问题、数据映射问题等，确保数据的一致性。但各地政府在公共数据处理标准、元数据标准等方面的建设尚处于起步阶段，导致数据利用价值低，难以完成有效的数据整合，数据资源无法直接对接应急策略，人机协作程度非常低。当前应急管理中数据服务对接决策中枢的方式仍然是相关部门以日报、周报的形式上报决策部门，智慧应急数据枢纽并没有真正发挥"应急管理驾驶舱"的作用。

第三，受制于短期绩效导向，应急数据服务于未来应急需要的价值没有被充分开发。应急管理重在预防，智慧应急不能停留在突发事件应对过程，也应充分发挥其服务于应急预防需要方面的价值。当前我国应急管理设置了"一案三制"要求，并已初步建立全国应急预案体系，但由于各地政府长期以来存在的短期绩效导向"顽疾"，应急管理一直存在"重处置、轻预防"的问题，实践中应急预案往往停留在纸上，科学性、创新性不足。其实，作为一个幅员辽阔的大国，我国各类风险频发，积累了大量应急数据，这些数据对应急预案的开发有巨大价值，但这些宝贵的数据资源没有被充分挖掘并服务于应急预防。为此，应借助智慧应急的契机，充分展开应急数据的分析和挖掘，全面提升应急预案的适用性和先进性。

第四，应急压力情境下的数据安全和数据伦理没有受到充分重视。应急压力促成了智慧应急的超预期发展，但也使应急管理中的数据安全受到巨大冲击。突发事件下的非常状态和非常应对往往会带来较大的成本，包括对数据安全问题的"暂时不究"可能会带来应急管理过程中的思维惯性，甚至会导致非常应对的"常态化"。为此曾经一度出现关于压力场景下的应急信息服务产品日常使用的讨论。其实,即便在应急压力场景下也需要以数据安全为先,否则可能带来难以预期的长期负面影响,有时智慧应急背后的"技术黑箱"可能会使一些关于数据安全的问题积累并扩大到更广阔的社会应用场景,影响社会整体治理。

(二)数据赋能智慧应急的未来发展方向

新技术条件为数据赋能智慧应急带来了更多契机,已然经历的重大突发事件考验也成为我国数据赋能智慧应急平稳且快速发展的坚实基础。《"十四五"国家应急体系规划》提出,到2035年,建立与基本实现现代化相适应的中国特色大国应急体系,全面实现依法应急、科学应急、智慧应急,形成共建共治共享的应急管理新格局。结合前期的研究发现,本书认为,未来可从以下几个方向推动数据赋能智慧应急的更快发展:

第一,从"测量"到"感知",构建应急数据的无边界网络。物联网、量子计算、区块链、人工智能、大数据等技术的发展和叠加应用,打破了物理世界与数字世界之间的界限,而互联网、移动通信、平台等技术应用又打破了不同人群之间的界限,建立起人与数字世界的紧密联系。为此,新技术环境下的智慧应急数据来源也应是跨媒介、跨平台、跨组织的,而且要通过多种技术的互补性应用,来实现对应急环境的直接感知。

当今的突发事件往往会程度不同地带来一系列次生风险,

为此，智慧应急所依托的无边界网络既应是物的网络，也应是人的网络。因此，智慧应急对应急环境的直接感知与传统应急管理对管理对象的"测量"或信息"采集"有所不同："感知"是适时的，不是事后的；是基于理解的，不是基于符号的；是目标导向的，不是盲目的；不但收集物理信号，而且收集社会信号。移动通信时代，"人人都是传感器"。数据类型越多样、越庞杂，越能帮助人们实现对应急情景的全面、深入了解。例如，当前将社会诉求数据这一数据类型纳入智慧应急数据源就是一种非常有成效的新突破，促进了应急监测预警、应急决策等多方面工作；郑州特大暴雨期间众多网友利用腾讯文档建立的"救命文档"也是充分挖掘了社会数据源的作用，还进一步推动了应急信息传播和社会性的协同应急。为此，未来需要进一步探索怎样构建应急数据的无边界网络，全面实现应急数据的共建、共享和共用，为未来智慧应急扩展深度感知能力建立更好的数据基础。

第二，从"数量"到"质量"，全面提升应急数据的质量和价值。智慧应急的实践成效进一步推高对应急数据的需求，要求应急数据的采集、加工、融汇、应用等各环节深入应用新技术成果。其实，数据的价值很大程度上来自数据质量，人工智能的深度实现更是有赖于数据质量。高质量的数据不应当是系统的附属品，应该与系统呈现松耦合关系而非绑定关系，这样才更容易实现数据共享和利用。

最影响数据质量的数据处理环节是数据初级处理,而智慧应急常面对的是多源异构数据,所以,提升数据初级处理质量就更加重要。一方面,应将元数据和数据规则构建作为智慧应急的关键基础设施加以重视,使应急数据可交互、可溯源、可计算、可转化,能够被机器"读懂";另一方面,要保持数据的鲜活性,即推进数据的细粒度表征和本体建构,建立数据描述甚至语义层面的映射关系,释放数据隐藏的潜力,使应急管理从中获得"洞察力"。因此,"从数据到信息"是后续环节能否全面、深入展开的最基础环节。当前我们的应急管理对这一环节有所忽略,导致数据多,但"有用"的数据不多,"能用"的数据更少。为此,智慧应急发展中应充分重视数据质量的提升,对数据定义、数据标准化、数据语义化等环节做出"刚性"的安排。也就是说,要实现数据在"战时"对应急应对的赋能,功夫在平时,即只有将数据质量提升工作作为程序性任务在日常完成,方能在应急应对的关键时刻发挥其关键作用,使得应急管理真正搭上"大数据"的便车走向智慧化。

第三,从"知识"到"情报",构建面向应急决策的数据智能体。全社会对智慧应急已经有了越来越多的期待,要求它不仅是高效的,而且应当是绿色的、精准的、公正的、安全的。为此,需要对现有应急数据资产池进行深度开发,探索应急数据在响应这些需求方面的价值。然而,当前,我国数据建模在智慧应急领域的应用尚处于初级阶段,对数据体价值的开发主要立足于将数据转换为"知识",以"求真"为诉求,但其实智慧应急更需要的是情境化的知识,即情报。只有从数据中萃取到情报,才能实现数据在线索发现、前景预见和应急决策中的作用,也才能使智慧应急成为可基于数据自我改造的智能体。

事实上,人工智能大模型等前沿技术的应用已经具备了推进智慧应急的潜力。如华为云盘古大模型研发团队将三维神经网络用于精准中期全球天气预报,使用1979—2021年的全球再分析天气数据作为训练数据,气象预测比传统的数值天气预报系统快一万倍以上。此类大模型对自然灾害预测有巨大的潜在价值,有待应急管理领域对此作充分的应用探索。为此,应抽取现有应急数据资源中的情报,形成针对应急资源储备和调度、精准救援路径规划、应急疏散方案等特定问题的特定情报资源集合,利用人工智能等技术开发相应数据智能体,打造服务于应急数据开发的、能够适应未来人机合作环境的应急管理新工具、新能力。

第四,从"合用"到"合规",完善智慧应急的数据安全约束机制。应急管理是一种非常规活动,所以有观点认为对其数据采集和应用安全性的要求应更加宽松,即数据"合用"更重要,数据安全应让位于应急需要。但随着云存储、区块链等技术的发展,应急管理中的数据存储往往具有分布性和长期性,应急时期的数据安全管理放松可能会带来长期的不良后果。因此，智慧应急中的数据利用不仅应"合用"，也应"合规"，应逐步建立和完善智慧应急数据安全约束机制。

当前，我国《个人信息保护法》等法规相继颁布，这些法规虽然规定了数据安全的普遍原则，但针对智慧应急的数据安全规则尚未系统建立。智慧应急不但应建立安全的数据底座，而且对应急数据的处理也应当合规。如2023年3月无锡市销毁涉疫个人数据10亿条，涉及"数字防疫"的40多项应用也下线。这些数据安全举措背后应当有相应的规则支持。但我国当前仍然缺乏针对应急管理中个人数据收集、数据应用范畴等重要数据安全和数据伦理事项的具体规定。因此，未来需要完善法规，明确应急数据治理的权力和责任归属，并建立针对应急管理数据流通的专门监管体系，从全数据生命周期角度，面向数据安全和数据伦理，对智慧应急中的数据利用行为施加分级、分类、分场景约束。只有提升数据治理的精准度，方能兼顾数据赋能智慧应急过程中的效率和安全。